Christoph Meiners

Vermischte philosophische Schriften

Christoph Meiners

Vermischte philosophische Schriften

ISBN/EAN: 9783741184703

Hergestellt in Europa, USA, Kanada, Australien, Japan

Cover: Foto ©Thomas Meinert / pixelio.de

Manufactured and distributed by brebook publishing software
(www.brebook.com)

Christoph Meiners

Vermischte philosophische Schriften

Vermischte Philosophische Schriften

von

Christoph Meiners,
Professor der Weltweisheit in Göttingen.

Dritter Theil.

Leipzig, 1776.
in der Weygandschen Buchhandlung.

Vorrede.

Mit diesem Bande schließe ich, wenigstens auf einige Jahre, die gegenwärtige Sammlung philosophischer Schriften, weil ich Arbeiten angefangen habe, die mich mehrere Jahre ganz beschäfftigen werden.

Die drey erstern Abhandlungen dieses dritten Theils waren schon alle fertig, ehe der zweyte Band einmal abgedruckt war. Fast zu einer jeden habe ich persönliche Veranlassungen gehabt. — Zum vierten Aufsatze habe ich lange gesammlet; allein ich habe ihn erst diesen Sommer in meinen heitersten Stunden ausgearbeitet. Ich kann dreist versichern, daß man nirgends eine vollständigere Geschichte der Mysterien finden, und in meiner Abhandlung auch nicht blos das wieder finden werde, was andere vor mir schon gesammlet und gedacht hatten.

Göttingen am 11. Julius 1776.

I. Ueber

I.

Ueber den Genius des Sokrates.

Der Genius des Sokrates ist noch immer ein dunkles unentwickeltes Räthsel der alten Geschichte, wovon in allen Zeitaltern seit dem Tode dieses großen Weltweisen sehr vieles ist gesprochen worden, wovon aber selbst diejenigen, die die sorgfältigsten Untersuchungen darüber angestellt hatten, nicht wußten, wie sie es auflösen sollten. — Einige verwarfen alle Nachrichten der Freunde des Sokrates, und der übrigen Schriftsteller von diesem Schutzgeiste, als fabelhafte Mährchen, die vom Plato und Xenophon blos in der Absicht erdichtet worden, um ihren Lehrer, als einen über gewöhnliche selbst gute Menschen erhabenen, und einer ausserordentlichen Gnade der Götter gewürdigten Mann der Nachwelt zu empfehlen. Diese glaubten, daß Sokrates selbst niemals von einem Dämon begleitet zu werden vorgegeben, oder doch wenigstens kein übermenschliches Wesen um sich gehabt habe. Andere verwarfen zwar nicht die Zeugnisse der rechtschaffnen ehrwürdigen Männer, die dem Sokrates einen göttlichen Dämon zuschreiben; fanden es aber sehr wahrscheinlich, daß dieser Dämon weiter nichts als die Seele des weisen in die Zukunft hinein sehenden Sokrates gewesen sey, und daß Sokrates selbst darunter nichts anders verstanden habe. Unter den Kirchenvätern gab es einen, welcher behauptete, daß ohne Christliche Religion keine wahre Tugend statt finde, und vor der Ausbreitung des Christenthums die ganze heidnische Welt unter dem Einflusse des Satans gestanden habe; der ferner aus diesen ihm ganz unwidersprechlich scheinenden Sätzen den Schluß zog, daß der Genius des Sokrates wohl gar der leidige Teufel selbst oder doch einer seiner Genossen gewesen sey. Die allermeisten, und unter diesen finden sich auch Kirchenväter, stimmen mit dem Plato, Xenophon, und allen Nachfolgern des Erstern dahin überein, daß der Genius des Sokrates ein reiner himmlischer Geist gewesen sey, den die Gottheit diesem Philosophen zum beständigen Begleiter zuge-

geben

geben habe, damit er ihn vor allen Fehltritten, in die Menschen von der zuverläßigsten Tugend, und der seltensten Klugheit noch immer fallen können, warnen sollte. Selbst Dacier, Charpentier, und Olearius glaubten entweder, oder hielten es doch für nicht unwahrscheinlich, daß Sokrates wegen seiner untadelichen Rechtschaffenheit von der Gottheit in seinem Dämon einen übermenschlichen Führer erhalten, der ihn auf allen seinen Wegen geleitet, und ihm so gar für seine Freunde nützliche Rathschläge mitgetheilet habe.

Ehe ich das geringste für oder wider eine von diesen Meynungen entscheide, will ich erst alles, was ich über den Genius des Sokrates im Plato und Xenophon gefunden habe, vortragen, mit diesen ausgezogenen Faktis eine jede der vorhergehenden Vermuthungen vergleichen, und zuletzt die Meinige kurz hinzufügen.

Einer von den wichtigsten Punkten der Anklage des Melitus wider den Sokrates war dieser: Daß er die Götter seiner Väter abläugne, und diese Gottlosigkeit durch eine andere, nämlich durch die Einführung neuer

Götter, die das Atheniensische Volk nicht anerkannt habe, noch strafenswürdiger mache. (Plat. Oper. Tom. I. Apol. Socr. p. 26. 27.) Dieser Vorwurf (antwortet Sokrates) ist ungereimt. Wenn ich, wie du selbst zugiebst, Dämonen (δαιμονια, δαιμονας) glaube, so muß ich auch nothwendig an Götter (θεους) glauben, weil Dämonen entweder selbst Götter, oder wenigstens Söhne der Götter sind?

Ich bin (fährt er S. 28. zu den Atheniensern fort,) vom folgenden Gedanken so fest, als von irgend einer Wahrheit überzeugt, daß man denjenigen Platz, den man nach reifer Ueberlegung, und mit dem besten Wissen entweder selbst gewählt und eingenommen, oder von rechtmäßigen Obern zugetheilt erhalten hat, mit Standhaftigkeit behaupten, und sich weder durch die Furcht des Todes, noch durch andere Gefahren davon verdrängen lassen müsse. Ich würde mich also eines unverzeihlichen Fehlers schuldig machen, wenn eben ich, der ich wie andere meine Mitbürger, selbst mit Gefahr meines Lebens auf allen den Posten blieb, wohin mich die von euch mir vorgesetzten Anführer bey Amphipolis, Poridäa,

däa, und Delium gestellt hatten, wenn eben ich jetzo das Geschäfft verliesse, das mir, wie ich gewiß glaube, mein Gott anvertrauet hat, und das darin besteht, mich und euch zu untersuchen, und in diesen Untersuchungen mein Leben hinzubringen. Alsdenn könnte man mich mit Recht als einen Ungläubigen vors Gericht führen, der weder an Götter, noch deren Warnungen und Aussprüche glaube, der endlich sich fälschlich für einen Weisen halte, ohne es wirklich zu seyn. Wenn ihr mir also auch auf diese Bedingung (S. 29.) das Leben schenken wolltet, daß ich meine bisherige Lebensart aufgeben, und zu philosophiren aufhören sollte *), so würde ich doch immer

 lieber

*) Eben so druckt sich Sokrates S. 37. aus: „Vielleicht denken manche unter euch, daß ich selbst „ja wohl stillschweigen, und mein Leben in Ruhe „zubringen könnte, und eben diese werde ich „schwerlich jemals überzeugen können, daß ich „alsdann der Gottheit ungehorsam seyn würde. „Ihr glaubt immer, daß ich nicht ernstlich rede, „wenn ich euch sage, daß ich nach göttlichen „Befehlen nicht so ruhig seyn kann, als ihr verlangt, und für eine sehr leichte Forderung „haltet.“

lieber dem Gotte, der mich leitet, als euch, gehorchen, und im Gehorsam gegen ihn lieber sterben, als mit einer Vernachläßigung seiner göttlichen Befehle das Leben von euch zum Geschenk empfangen. Ich werde daher, so lange ich lebe, nicht ablassen, einem jeden von euch, der es verdient, mit meiner bisherigen Freymüthigkeit vorzuwerfen, daß er, ein Bürger des glücklichsten, und seiner Weisheit so wohl, als Macht wegen berühmten Staats, sich freylich um Reichthümer, Ehrenstellen und Ansehen bewerbe, aber dagegen um die Vervollkommung seiner Seele, um Weisheit und Tugend sich gar nicht bekümmere. Alle die so sind, werde ich nicht gleich lassen, sondern in sie dringen, sie ihnen selbst und andern aufdecken, und ihnen gerechte Vorwürfe darüber machen, daß sie das Nichtswürdige dem Großen und Erhabenen, das weniger Gute dem bessern vorziehen. So werde ich es mit Alten und Jungen, mit Einheimischen und Fremdlingen machen, am allermeisten aber werde ich mich meiner Mitbürger annehmen, weil diese mir am nächsten sind; Dieß hat mir vorzüglich der Gott, wie ihr wohl wißt, anbefohlen. —

Ich

Ich zweifele auch, ob der Stadt Athen ein grösser's Glück wiederfahren könne, als dieser mein Gehorsam gegen die Befehle des mich regierenden Schutzgottes. Ich thue nämlich weiter nichts, als euch alle, von welchen Ständen und Altern ihr auch immer seyd, zu überreden: daß es am besten sey, vor allen Dingen, selbst vor den Bedürfnissen des Körpers, und der Erwerbung von Reichthümern, die Veredlung und Ausbesserung der Seelen zu besorgen: daß ferner nicht durch Glücksgüter Tugenden, aber wohl durch Tugenden Reichthümer, und die Wohlfahrt einzelner Personen sowohl, als ganzer Völker erhalten werden. — Ich bin daher weit entfernt, mich vor euch zu rechtfertigen, wie man vielleicht erwarten könnte, meine Absicht ist vielmehr, euch vor den schlimmen Folgen zu warnen, die aus einer übereilten Verurtheilung eines Mannes, den die Gottheit euch geschenket hat, entstehen müssen. Ihr werdet schwerlich, wenn ihr mich tödtet, einen andern durch göttliche Kraft gestärkten und getriebenen Mann finden, der, wie ich, über euch und eure Stadt wacht, die einem mächtigen edlen Rosse gleicht, das aber seiner Größe

und

und Unbehülflichkeit wegen, durch Sporn erweckt und angetrieben werden muß. Mich hingegen hat ein Gott eurer Stadt zugeordnet, um die Willigen zu leiten, die Trägen zu ermuntern, und die Schlafenden aufzuwecken. Von diesen Arbeiten ruhe ich an keiner Zeit des Tages, an keinem Ende der Stadt, wohin Vorsatz oder Zufall mich auch hinführt. — Daß ich euch von einer Gottheit geschenkt bin, (fährt er S. 31. fort,) könnt ihr daraus abnehmen, daß ich nicht nach Art gewöhnlicher Menschen, nicht aus den gewöhnlichen Bewegungsgründen handele. Wenn menschliche Triebfedern und Absichten mich leiteten; würde ich denn schon so viele Jahre durch mich allein, und meine Vortheile vernachläßigen, und als einer Vater, oder älterer Bruder blos für eure Glückseligkeit und Fortgänge in der Tugend besorgt seyn? Ich habe nie den geringsten Lohn, nicht die geringste Vergeltung für meine euch erwiesene Dienste verlangt, oder erhalten; und so unverschämt sonst auch meine Ankläger in ihren Beschuldigungen sind; so haben sie es doch nicht gewagt, mir diesen Vorwurf zu machen: meine Armuth würde das unwiderleglichste

lichste Gegenzeugniß hergeben. — Vielleicht wundert sich mancher darüber, warum ich einem jeden einzelnen meiner Mitbürger zu rathen suche, und hingegen den öffentlichen Rednerstuhl niemals bestiegen, noch auch dem ganzen Volk Vorschläge gethan habe. Die Ursache meines Betragens ist eine göttliche übermenschliche Stimme, von der ihr mich sehr oft habt reden hören, die mir von meiner Kindheit an ertönt, und mich niemals zu etwas antreibt, sondern immer nur zurückhält. Diese Stimme ist es, die mich von allen öffentlichen Geschäfften und Angelegenheiten, so viel ich urtheilen kann, sehr richtig abgezogen hat. Ich würde schon lange nicht mehr seyn, wenn ich mich an Staatsgeschäffte gewagt hätte, und würde also weder euch noch mir nützlich geworden seyn. Es ist nämlich nicht möglich dem Untergange zu entgehen, (die Bemerkung wird auch vielleicht so unangenehm seyn, als sie wahr ist,) wenn man sich anders den ungerechten und übereilten Maasregeln des grossen Haufens mit Muth und Nachdruck entgegen setzen will.

Ich habe (sagt er S. 33.) niemals eigentlich gelehrt, keinem Menschen insgeheim Kennt-

Kenntnisse mitgetheilt, die ich nicht auch allen übrigen mitgetheilt hätte. Wenn aber viele mir und meinen Unterredungen gerne zuhörten; so rührte dieser Beyfall daher, daß ich sehr viele untersuchte, und entblößte, die sich für weise hielten oder ausgaben, ohne es zu seyn. — Auch dieß hat mir der Gott befohlen; und eben dazu bin ich durch Göttersprüche, Träume, und auf eine jede Art, wodurch göttliche Wesen ihren Willen den Menschen zu erkennen geben, aufgemuntert worden.

Nachdem er endlich mit der größten Freymüthigkeit, und dem vollen Gefühl seiner Würde geredet, und durch beyde sowohl, als durch die Weigerung, sich für schuldig zu erkennen, und von seiner bisherigen Lebensart abzustehen, sich das Todesurtheil zugezogen hatte, fährt er (S. 40.) zu seinen Richtern so fort. Die letzte Zeit (sagt er) habe ich in der That etwas sehr merkwürdiges, selbst etwas wunderbares erfahren. In den vorigen Zeiten meines Lebens waren die Prophezeyungen und Stimmen (μαντικη) meines Schutzgeistes sehr häufig, und er warnte mich selbst bey unwichtigen Vorfällen, bey

sehr

sehr kleinen Angelegenheiten, wenn ich etwas ohne die gehörige Vorsicht, oder zu meinem Nachtheile unternehmen wollte. Jetzt ist mir, wie ihr seht, in dem empfangenen Urtheil etwas zuerkannt, was man für das größte Unglück unter allen halten könnte. Allein ich habe nicht das geringste Zeichen von meinem Gott erhalten, weder heute Morgen, da ich ausgieng, noch da ich vor den Richterstuhl trat, noch endlich während der Zeit, daß ich geredet habe, oder reden wollte. Sonst hat mich der Gott oft mitten in meinen Reden unterbrochen und zurückgehalten: dießmal aber hat er sich nie weder in meinen Handlungen, noch in meinen Reden widersetzt, und ich kann hieraus nichts anders schließen, als daß ich recht gehandelt und gesprochen habe, und daß alles, was daraus folgt, der Tod selbst mir nicht schädlich seyn werde.

Fast auf eben die Art läßt Plato den Sokrates im Theages von seinem Dämon reden. (S. 128-130.) Demodotus wollte seinen wißbegierigen Sohn Theages, auf dessen wiederholte, selbst ungestüme Anforderungen irgend einem Weisen zur Ausbildung übergeben, frug daher den Sokrates, wem er ihn

am

am sichersten anvertrauen könnte, und wünschte zuletzt, daß Sokrates selbst die Sorge, den jungen Theages zur Weisheit und Tugend anzuführen, übernehmen möchte. Sokrates sucht diesen Antrag anfangs abzulehnen, und sagt in der ihm eigenen Manier, daß er, der Vater, seinen Sohn zu den berühmten Sophisten führen müsse, die einen so großen Vorrath von Weisheit hätten, und ihre seltenen erhabenen Kenntnisse einem jeden, der Lust dazu bezeigte, um einen hohen Preis verkauften. — Theages beklagt sich nach dieser Antwort über die Ironie des Sokrates, und über dessen Abgeneigtheit, ihn unter die Zahl seiner jungen Freunde aufzunehmen. Er hoffte sonst gewiß, (setzt er hinzu) durch seinen Unterricht und in seiner Gesellschaft ein aufgeklärter und rechtschaffener Mann zu werden, da er selbst viele junge Leute von seinem Alter kenne, die vor der Bekanntschaft mit dem Sokrates nichtswürdige Menschen gewesen wären, durch seinen Umgang aber alle übrigen bald eben so sehr übertroffen, als sie ihnen vorher nachgestanden hätten.

Auf diese Bemerkung des Theages nun antwortet Sokrates folgendergestalt: Du

weißt

weißt nicht genau, liebster Theages, wie es mit der ganzen Sache steht, und ich will dir daher die wahren Umstände aufrichtig mittheilen. Von meiner ersten Kindheit an begleitet mich ein gewisser Dämon *), der sich durch eine Stimme äussert, die mich niemals zum Handeln antreibt, aber wohl von gewissen Unternehmungen abhält. Eben diese warnende Stimme läßt sich hören, wenn meine Freunde gewisse Entwürfe ausführen wollen, die zu ihrem oder andrer ihrem Schaden auslaufen würden. (Er bringt mehrere Beyspiele bey, von denen ich gleich nachher reden werde.) Eben dieses Dämons göttliche Kraft hat den mächtigsten Einfluß auf meine Bekanntschaften, und alle diejenigen, die meinen Umgang nützen wollen. — Sie widersetzt sich nämlich den Verbindungen mit einigen, und solche ziehen auch nicht den geringsten Nutzen aus meinem Umgange, so wie ich auch

*) εϛι γαρ τι θειᾳ μοιρᾳ παρεπομενον εμοι εκ παιδος αρξαμενον δαιμονιον. εϛι δε τȣτο φωνη, ἡ ὁταν γινεται, αει μοι σημαινει, ὁ αν μελλω πραττειν, τουτου αποτροπην.

auch ihre Vertraulichkeit nicht leiden kann. Es giebt wiedrum andre, deren Verbindung mit mir sie zwar nicht zurückzuhalten sucht, die aber so wenig, als die erstern, von meiner Bekanntschaft einige Vortheile ziehen. Diejenigen hingegen, deren Vereinigung mit mir der Dämon begünstigt, machen geschwind die größten Fortgänge, und diese sind es, mit denen du kurz vorher sagtest, daß du bekannt geworden wärest. Aber selbst unter diesen sind wieder einige, die die Vortheile meines Umgangs, und meiner Freundschaft nur so lange empfinden, als sie beständig um mich sind, aber gleich wieder verlieren, so bald sie eine Zeitlang von mir getrennt werden: andere hingegen, die während ihres ganzen Lebens, und selbst in einer beständigen Abwesenheit so bleiben, als sie sich mit meiner Hülfe ausgebildet haben, und nicht blos da stehen bleiben, wohin sie durch mich gekommen waren, sondern auch unaufhörlich im Guten wachsen und fortgehen.

So redet Sokrates, oder vielmehr Plato durch den Mund des Sokrates vom Genius des letztern, und dessen Wirkungen. Fast eben das sagt Xenophon sowohl in seinen

Denk-

Denkwürdigkeiten, als in der Apologie des Sokrates.

Sokrates (sagt er in der ersten Schrift I. 1.) war kein Neuerer in Religionssachen: er stimmte im Grunde mit allen denen überein, die durch die Stimmen der Vögel, durch Göttersprüche, endlich durch Eingeweide von Opferthieren, und andere Vorbedeutungen die Zukunft vorher verkündigt glauben. Diese nämlich glauben nicht, daß die Vögel selbst, oder die Eingeweide von geschlachtetem Vieh künftige Begebenheiten anzeigen, sondern daß die Götter sich beider nur als Werkzeuge bedienen, um den Menschen von seinen bevorstehenden Schicksalen zu unterrichten. Eben dieser Neigung war auch Sokrates; nur wich er darinnen von andern seiner Mitbürger ab, daß diese sich durch jene gewöhnliche Arten von Vorbedeutungen zu gewissen Handlungen antreiben, oder davor zurück schrecken lassen, er hingegen durch einen göttlichen Dämon unmittelbar von dem Ausgange künftiger Begebenheiten benachrichtigt zu werden glaubte. Dieser Genius rieth nicht blos dem Sokrates dieses zu thun und jenes zu lassen; sondern leistete auch seinen Freunden eben den Dienst,

 und

und mehrere Beyspiele haben gelehrt, daß diejenigen, die den Eingebungen des Sokratischen Genius folgten, sich immer wohl dabey befunden, diejenigen aber, die sie vernachläßigten, ihren Ungehorsam zu bereuen, Ursache gehabt haben.

Wie ist es möglich, (sagt Sokrates in der Apologie) mich der Einführung neuer Götter zu beschuldigen, und zwar blos aus dem Grunde, weil ich erklärt habe, daß die Stimme eines Gottes mir anzeigt, was ich jedesmal zu thun habe. Andere ziehen das Geschrey der Vögel, die ominösen entfallenen Reden anderer Menschen, oder auch die Stimme des Donners zu Rathe: ich nenne das vorherverkündigende Wesen Dämon, und halte meine Meynung für wahrer, und der Gottheit würdiger als den gewöhnlichen Glauben derer, die den Vögeln eine göttliche Eigenschaft, das Vorherwissen der Zukunft zutrauen. Daß ich nicht die Unwahrheit rede, können viele von meinen Freunden bezeugen, denen ich den Willen Gottes, wie er mir ihn geoffenbaret hatte, oft verkündiget habe, ohne jemals zu fehlen, oder auf einer Lüge betroffen zu werden.

Xenophon sagt blos im Allgemeinen, daß Sokrates sehr oft das Künftige, ohne zu irren, vorher verkündigt habe; Plato hingegen führt (Theag. p. 128. 129. f.) mehrere Proben von den Weissagungen des Sokratischen Genius an, denen man noch eine aus dem Plutarch (de Gen. Socr. 1030. 1032. Tom. II.) und zwo aus dem Cicero (de Div. I. 54.) hinzufügen kann, die wahrscheinlich aus dem Antipater genommen sind, der nach dem Zeugniß des Letztern alle Prophezeyungen des Sokrates in einem eignen Werke gesammlet hatte. — Glauko hatte Lust zu den Nemeischen Spielen zu reisen, und theilte seinen Entschluß dem Sokrates mit, der ihn auf erhaltene Eingebung seines Genius abrieth. Glauko ließ sich von seinem Vorhaben nicht abwendig machen, fand aber nachher Ursache, seinen Ungehorsam gegen die göttliche Warnung zu bereuen, ungeachtet die nachtheiligen Folgen desselben im Plato nicht angeführet werden. — Zu einer andern Zeit war Sokrates mit dem Timarchus an einem festlichen Gastmahle zusammen: Der Letztere stand zweymal auf, um die Gesellschaft eines gewissen Geschäffts wegen zu verlassen, wur-

 de

de aber beydemale vom Sokrates auf Antrieb seines Genius zurück gehalten: zum drittenmale schlich er vom Sokrates unbemerkt weg, ermordete jemanden, und wurde bald darauf zum Tode geführt, wo er denn gestand, daß er jetzo die Vernachläßigung der durch den Sokrates erhaltenen göttlichen Befehle büssen müsse. — Eben so sagte ich, fährt Sokrates fort, wie du von vielen noch lebenden Personen erfahren kannst, den unglücklichen Ausgang der Unternehmung gegen Sicilien, und der des schönen Sannio gegen Ephesus und Jonien vorher. Die Letztere ist zwar noch nicht geendigt; ich fürchte aber immer, daß Sannio darin bleiben, oder sonst einen beträchtlichen Schaden leiden werde. — Die drey andern Beyspiele aus dem Plutarch und Cicero überlasse ich zum Nachschlagen, da die angeführten schon hinreichen, einen jeden mit der Manier des Sokrates in seinen Prophezeyungen bekannt zu machen.

Wenn man die Zeugnisse des Plato und Xenophon gelten läßt, so sind folgende Sätze unläugbare historische Facta: daß Sokrates selbst geglaubt, und auch öffentlich erklärt habe,

habe, unter der Obhut eines grossen göttlichen übermenschlichen Wesens zu stehen, das er Dämonion nannte, daß er ferner glaubte, von diesem Dämon zu gewissen künftigen Handlungen angetrieben, von andern zurück gehalten zu werden, und nicht nur in der Wahl seiner Freunde und andern wichtigen Angelegenheiten, sondern auch in weniger wichtigen, gewarnt und geleitet zu seyn. Ferner muß man zugeben, daß nach der Angabe des Sokrates sein Genius sich allein durch gewisse Stimmen (Φωναι oder σημεια) geäussert, so wohl den Freunden des Sokrates, als ihm selbst gute Rathschläge gegeben, aber auch nicht immer die Ursachen seiner Winke, und die nachtheiligen Folgen der Handlungen, von denen er abschreckte, in Detail geoffenbaret habe. Endlich kann man nicht daran zweifeln, daß nicht Plato und Xenophon von dem Daseyn des Sokratischen Genius, und von der Wahrheit alles dessen, was ihr Lehrer von den Wirkungen desselbigen erzählte, eben so fest, als von der Tugend und Aufrichtigkeit ihres Meisters, überzeugt gewesen seyn.

Plato und Xenophon stimmen in allen ihren Nachrichten auf das Genaueste überein: nur in diesem einzigen Punkte geht Plato vom Xenophon ab: daß der Dämon den Sokrates nur allein zurück gehalten, und niemals zu etwas angetrieben habe; da Xenophon ausdrücklich versichert, daß er dem Sokrates nicht nur angezeigt habe, was er zu lassen, sondern auch was er zu thun habe. — Ich würde hier immer den Plato eher, als den Xenophon eines Fehlers beschuldigen, weil selbst einige von den Eingebungen des Genius, die Plato anführt, beweisen, daß er den Sokrates eben so wohl zu gewissen Handlungen aufgemuntert, als von andern zurück gehalten habe. Sokrates erhielt (wie er ihn oben in seiner Apologie selbst sagen ließ,) von seinem Genius den Auftrag zu philosophiren, sich und andere zu untersuchen, und die Sophisten, die Verderber der Griechischen Jugend, zu verfolgen: lauter Befehle, die nicht blos auf die Unterlassung, sondern auch auf die Ausrichtung gewisser Handlungen giengen.

Apulejus (de Gen. Socr. 294. 97. 99. *) Edit. Colvii) rechnete den Genius des Sokrates zu der Klasse unsichtbarer Schutzgeister, die die Gottheit nach dem Plato, dem Menschen zu Hütern und Zeugen ihrer geheimsten Gedanken gegeben hätte, und glaubte, daß dieser große Mann wegen seiner Heiligkeit und Weisheit den seltenen Vorzug genossen habe, nicht nur die Stimme seines Schutzgeistes zu hören, sondern ihn auch in sichtbarer Gestalt vor sich zu sehen. — Sokrates sage nämlich häufiger, daß er ein von der Gottheit ihm gegebenes Zeichen, (signum, σημειον,) als eine vernehmliche Stimme wahrgenom-

*) Daemones sunt genere animalia, ingenio rationabilia, animo passiua, corpore aeria, tempore aeterna. — Ex hac ergo sublimiore Daemonum copia, Plato autumat singulis hominibus in vita agenda testes et custodes singulos additos: qui nemini conspicui semper adsint, omnium non modo actorum testes, verum etiam cogitationum; und S. 299. Quod equidem arbitror non modo auribus, verum etiam oculis signum Daemonis sui vsurpasse. Nam frequentius non vocem, sed signum diuinum sibi oblatum prae se ferebat.

genommen habe. — Allein diese Vermuthung des Apulejus ist nichts als Irrthum, der daraus entstand, daß er die Stellen, die er im Sinne hatte, nicht im Plato selbst noch einmal wieder durchlas. Sokrates setzt nirgends die Stimmen, die sein Gott ihn hören ließ, den Zeichen (σημειοις) entgegen; unterscheidet sie gar nicht von einander, sondern braucht vielmehr beyde, als gleichgeltende Ausdrücke für dieselbige Offenbarung seiner Gottheit. Weder im Plato, noch im Xenophon findet sich die geringste Spur, aus der man schließen könnte, daß Sokrates Erscheinungen seines Genius gehabt, oder doch gehabt zu haben vorgegeben habe.

Simmias beym Plutarch erzählt (T. II. l. c. 1044 - 46. und S. 1052. 53.) daß Sokrates alle diejenigen, welche Göttererscheinungen glaubten, als Schwärmer verachtet, hingegen allein denen, die gewisse Stimmen gehört zu haben, vorgegeben, ein aufmerksames Ohr geliehen habe. — Plutarch gründet hierauf die Vermuthung, daß Sokrates zu den privilegirten Menschen gehört habe, deren die menschenliebenden Götter sich als ihrer Günstlinge vorzüglich annähmen,

men, und denen sie sich dahero auf eine ganz auszeichnende Art offenbarten. Unterdessen glaubt er doch nicht, daß die Stimme, die Sokrates gehört habe, mit irgend einer Erschütterung der Luft verbunden gewesen sey, und die Ohren des Sokrates, wie ein jeder anderer Schall getroffen habe; sondern findet es wahrscheinlicher *), daß höhere Wesen, dergleichen Dämonen sind, unmittelbar auf die ihnen untergeordneten Geister wirken, und ihnen ohne Schall und Wörter durch eine gewisse geistige Erleuchtung, ihre Gedanken und Rathschläge mittheilen. — Plato und

*) Plut. Tom. II. Oper. p. 1044. το δε προσπιπτον, ου φθογγον, αλλα λογον αν τις εικασειε δαιμονος, ανευ φωνης εφαπτομενον αυτῳ τῳ δηλουμενῳ του νοουντος. — und Seite 1045. αἱ δε των δαιμονων φεγγος εχουσαι, τοις δυναμενοις ελλαμπουσιν, ου δεομεναι ῥηματων, ουδ' ονοματων, ὁις χρωμενοι προς αλληλους οἱ ανθρωποι συμβολοις ειδωλα των νοουμενων, και εικονας ὁρωσιν, αυτα δε ου γινωσκουσι, πλην ὁις εστιν ιδιον (ὡσπερ ειρηται) φεγγος.

und Xenophon sagen zwar nirgends, was die Stimme, die Sokrates hörte, für eine Stimme gewesen sey, unterdessen ist es wahrscheinlich, daß sie nur allein der Seele, und nicht dem körperlichen Ohre hörbar gewesen sey. Wenn anders Plutarch aus einer sichern Quelle geschöpft hat; so wollte sich Sokrates selbst über die Natur des Genius, so wenig als die Art, wie er sich offenbarte, in eine nähere Erklärung einlassen, und gab dem Simmias, der ihn deswegen befragte, gar keine Antwort.

II.

Die leichteste Art, alle Schwierigkeiten, die man in der Erklärung des Sokratischen Genius bisher gefunden hat, auf einmal zu heben, wäre freylich die, wenn man das Ansehen des Plato und Xenophon verwürfe, und beyde Männer für wohlmeynende Schüler erklärte, die aus der besten Absicht, ihren Lehrer zu verherrlichen, dem Sokrates einen Wahrsagergeist angedichtet hätten.

So sehr sich aber auch diese Hypothese durch ihre Leichtigkeit empfiehlt, so wenig läßt sie sich bey einer genauern Untersuchung vertheitheidigen. — Beyde Philosophen sagen, daß der Genius des Sokrates zu einer der wichtigsten Beschuldigungen wider den Sokrates, nämlich zum Vorwurfe der Einführung neuer Götter Anlaß gegeben, und daß Sokrates vor seinen Richtern sich deswegen vertheidiget habe. Plato nennt ferner die Personen, denen Sokrates den Willen und guten Rath seines Dämons mitgetheilet habe. — Weder Plato noch Xenophon würden Herz genug gehabt haben, alles dieses zu erdichten, da entweder noch alle, oder doch der größte Theil derjenigen Personen lebten, die den Sokrates angeklagt und gerichtet hatten — oder gute Rathschläge von ihm empfangen haben sollten. Wenn sie aber auch beyde unverschämt genug gewesen wären, ihren eigenen Zeitgenossen auf eine so grobe, leicht zu entdeckende Art ins Gesicht zu lügen; so würde man ihnen gewiß widersprochen haben, und von diesen Widersprüchen würde gewiß etwas zu uns gekommen seyn. Allein in keinem Schriftsteller steht das Geringste von dergleichen Widerlegungen: vielmehr stimmen alle spätere Geschichtschreiber mit dem Plato und Xenophon darinn überein, daß Sokrates öffentlich,

fentlich, unter dem Schutze und Einfluß eines Gottes zu stehen, vorgegeben habe, und eben dieses Dämons wegen einer strafbaren Verachtung der griechischen Religion beschuldiget worden sey.

Wenn Plato und Xenophon die Absicht gehabt hätten, dem Sokrates einen Genius anzudichten, wovon dieser in seinem Leben nichts gesagt, und kein Athenienser etwas gehört hätte, so würden sie von diesem Genius und dessen Wirkungen, als von einem Geheimnisse gesprochen haben, das Sokrates nur allein ihnen entdeckt hätte. — Sie müßten beyde unsinnig gewesen seyn, wenn sie den Genius in die Anklage und Vertheidigung ihres Lehrers, endlich in die Lebensumstände mehrer noch lebender Privatpersonen eingeflochten, und sich dadurch einer ganz unvermeidlichen Gefahr, als Lügner überführt zu werden, ausgesetzt hätten. — Eine solche Uebereinstimmung im Erdichten würde eine größere Freundschaft und Vertraulichkeit voraus setzen, als man der Geschichte zu Folge unter den beyden Freunden des Sokrates annehmen darf. Sie waren einander so wenig gewogen, daß ein jeder von ihnen hätte fürch-

ten

ten müssen, von seinem Mitschüler unter dem Vorwande einer Ehrenrettung des Sokrates, als ein Phantast der Welt abgemalt zu werden.

So unwahrscheinlich es also ist, daß Plato und Xenophon alles, was sie uns vom Genius des Sokrates erzählen, selbst erdichtet haben; so wenig läßt sich's glauben, daß Sokrates seine Freunde hintergangen, und seiner Seele oder der Klugheit im Voraussehen der künftigen Folgen von Handlungen den Namen von Dämon gegeben habe, um sich selbst ein desto grösseres Ansehen, und seinen Rathschlägen ein grösseres Gewicht zu geben.— Ein solcher Kunstgriff läßt sich weder mit der Bescheidenheit dieses Philosophen, die ihn kaum seinen eigenen wahren Werth erkennen, und lange an der Wahrheit des Ausspruchs des delphischen Apolls, der ihn für den Weisesten unter den Griechen erklärte, zweifeln ließ; noch mit der offenen Aufrichtigkeit seiner grossen Seele vereinigen, die eine Feindin aller Verstellung war, und sich in allen Handlungen seines Lebens, selbst in den Augenblicken des Todes zeigte. Wenn man aber auch

an-

annehmen wollte, daß Sokrates nicht aus Eitelkeit, sondern in der guten Absicht, andern desto mehr nützen zu können, sich einer kleinen Verstellung schuldig gemacht, und seiner Seele den Namen eines Dämons gegeben habe; so würde dieser Vermuthung doch immer die bekannte vorsichtige Klugheit des Sokrates im Wege stehen, die es ihm leicht gezeigt hätte, daß er durch einen solchen Schritt bey Freunden und Feinden nicht allein nichts gewinnen, sondern im Gegentheil sehr vieles verlieren würde. Seine Freunde (wußte er) setzten ein so unbegränztes Zutrauen in ihn, und nahmen seine Erinnerungen mit so tiefer Ehrfurcht auf, daß er es selbst nothwendig für sehr unnöthig halten mußte, einen Gott zu Hülfe zu rufen, um sich bey ihnen in Ansehen zu erhalten. — Eben so leicht konnte er es zum Voraus sehen, oder auch durch die Erfahrungen einiger Jahre wahrnehmen, daß er sich bey solchen, die nicht seine Freunde waren, entweder lächerlich, oder verhaßt machen, und sich den Spöttereyen der starken Geister eben so sehr als dem Neide, und der Feindschaft des Leichtgläubigen aussetzen würde. Er selbst sagt es sowohl im Eutyphro (p. 3.)

des

des Plato, als in der Apologie des Xenophons, daß er sich durch das Glück, von einem Dämon geleitet zu werden, sehr viele Feinde unter seinen Richtern sowohl, als den übrigen Atheniensern zugezogen habe, die ihn alle wegen einer solchen Vertraulichkeit mit einem göttlichen Wesen beneideten. — Gesetzt aber auch, daß Sokrates alle diese verdrüßlichen Folgen nicht voraus gesehen hätte; so muß man ihm doch Klugheit und Rechtschaffenheit genug zutrauen, daß er sie dann, als die Erfahrung sie ihm zeigte, so viel als möglich zu verbessern, und den bisherigen Plan seines Lebens zu verändern, würde gesucht haben. — Selbst die Prophezeyungen des Sokrates (sagt Xenophon Mem. I. 1.) beweisen seine Aufrichtigkeit, und die Stärke der Ueberzeugung, womit er von einem Gotte erleuchtet zu werden glaubte. Ohne den Glauben an einen göttlichen Beystand würde er es nie gewagt haben, künftige Begebenheiten vorher zu sagen, weil er sonst stets in Gefahr gewesen wäre, von seinen Freunden als ein prahlerischer Thor befunden zu werden. — Man muß daher nothwendig annehmen, daß weder Sokrates, noch seine ältesten Schüler unter dem Dämon die Seele, oder eine von ihren Kräften verstanden haben.

Da man also weder die Zeugnisse des Plato und Xenophon verwerfen, noch auch den Genius des Sokrates durch seine Seele erklären kann; so bleiben nur folgende mögliche Fälle übrig: daß Sokrates entweder von einem guten oder bösen Geiste wirkliche Eingebungen erhalten, — oder doch wenigstens zu erhalten geglaubt habe.

Daß ein solcher Mann, als Sokrates, sein ganzes Leben durch von einem bösen Geiste auf eine für den Sokrates, und dessen Freunde so vortheilhafte Art sollte getäuscht worden seyn, ist ein so ungeheurer und wilder Gedanke, daß ich unser Zeitalter beschimpfen würde, wenn ich mich nur einen Augenblick bey einer ernstlichen Widerlegung desselben aufhalten wollte. — Der zweyte Fall, daß Sokrates von einem reinen himmlischen Wesen begleitet worden, ist nicht völlig so unglaublich, als der erstere, aber doch immer höchst unwahrscheinlich, weil er gar keine, oder sehr wenig Fälle in der Geschichte neben sich hat, und immer eine Ausnahme von den großen

Ge-

Gesetzen der Natur seyn würde, nach welchen die Vorsehung die Angelegenheiten des menschlichen Geschlechts regiert. Wenigstens verdient er keinen Glauben, so bald man es nur einigermaßen wahrscheinlich machen kann, daß Sokrates, seiner Weisheit und Rechtschaffenheit unbeschadet, gleich vielen andern vernünftigen und tugendhaften Menschen, ohne es zu merken, getäuscht werden, und selbst glauben, und andere glauben machen konnte, von einem göttlichen Wesen inspirirt zu werden, ohne doch jemals die geringste Kenntnisse durch übernatürliche erhalten zu haben.

Dieß Letztere nun getraue ich mir, wenigstens so wahrscheinlich zu machen, als irgend eine von den Hypothesen über den Genius des Sokrates jemals gewesen ist. Freylich zeigen sich auch hier eine Menge von Schwierigkeiten, und Einwürfen, von denen ich die wichtigsten, die einem jeden so gleich einfallen, anführen will, damit man nicht glaube, daß ich sie übersehen hätte.

Es muß einem jeden höchst unglaublich vorkommen, daß ein Mann, dergleichen Sokrates war, der über die Eigenschaften der

Gottheit, über Vorsehung, Seelen-Unsterblichkeit und Bestimmung des Menschen so richtig dachte, und fast allenthalben über die Vorurtheile seiner Zeitgenossen erhaben war, daß ein solcher Mann mit dem Athenienſischen Pöbel nicht nur an Wahrsagerey und Vorbedeutungen geglaubt, sondern auch selbst mit Hülfe eines ihn erleuchtenden Genius die Zukunft vorher verkündigen zu können sich geschmeichelt habe. — Daß endlich dieser Weise, der sich stets damit beschäfftigte, sich und andere zu untersuchen, und sich die seltenste Kenntniß seiner selbst, und der menschlichen Natur erworben hatte, daß der sein ganzes Leben durch getäuscht seyn, und gewisse Veränderungen seiner Seele für Eingebungen eines höhern Wesens gehalten haben sollte, ohne die Illusion zu merken, oder jemals gegen die Wirklichkeit der ihm angedeihenden Offenbarungen den geringsten Verdacht zu schöpfen.

Allein alle diese Unwahrscheinlichkeiten verschwinden größtentheils, wenn man die allgemeine Denkungsarten der Griechischen Philosophen vor und nach dem Sokrates, die besondern Grundsätze des Sokrates selbst,

und

und endlich die ihm eigenthümliche Gemüths-verfassung genau zu untersuchen anfängt. Der Gedanke, daß die Gottheit dem Menschen die Zukunft durch gewisse Zeichen und Vorbedeutungen ankündige, und daß der Mensch mit gehöriger Aufmerksamkeit diese Zeichen zu entdecken, und also wahrzusagen, im Stande sey, gehörte unter den Griechen nicht, wie unter uns zu den Weiber-Mährchen, deren ein jeder vernünftig und freydenkender Mann sich zu schämen Ursache gehabt hätte; sondern der Glaube an Divination und an die Fähigkeit des Menschen, künftige Dinge vorher zu sehen, war unter den Griechischen Philosophen noch allgemeiner, als die Ueberzeugung von dem Daseyn einer oder mehrerer Gottheiten. Einige Eleatiker und Epikuräer ausgenommen, vertheidigten alle übrigen Sekten der Philosophen, Pythagoräer und Sokratiker, Platoniker, Peripatetiker und Stoiker, die Realität von Vorbedeutungen und Weissagungen. Cic. de Diuin. I. c. 3. — Demokrit läugnete das Daseyn der Gottheit, der Vorsehung, und der Unsterblichkeit der Seele, behauptete aber doch gewisse ungeheure aus Atomen gebildete Simulacra, die sich dem Menschen näherten, und ihm künftige Begebenheiten vorhersagten. Dicäarch, alle übrige Peripatetiker und Stoiker verwarfen die Lehre von der Unsterblichkeit der Seele, und waren dabey sehr eifrige Vertheidiger der Divination. Die Stoiker schrieben über diese Materie mehr und weitläuftigere Bücher, als für das Daseyn der Gottheit: in ihrem System war es ganz gewöhnlich, die Existenz Gottes aus der Wirklichkeit der Divination, und diese wieder aus jener zu beweisen. Man darf nur die Bücher des Cicero de Diuinatione gelesen haben, um sich zu überzeugen, wie sehr die Alten sich die Behauptung dieser Lehre angelegen seyn ließen und mit wie vielem Scharfsinn, und mit wie blendenden Gründen sie die Wirklichkeit aller Arten von Vorbedeutungen zu beweisen suchten.

Wann also Sokrates an Wahrsagungen glaubte, so glaubte er eben das, was fast alle Philosophen vor und nach ihm geglaubet haben, und gar nichts, was unter Griechen ungereimt, oder der Beweis einer schwachgläubigen Seele gewesen wäre.

Es ist rasend, (sagte Sokrates Mem. Xenoph. I. c. 1.) durch Vorbedeutungen und Wahr-

Wahrsager etwas erfahren zu wollen, was wir durch den Gebrauch unserer Kräfte, und den gewöhnlichen Unterricht erfahren können. Mit Recht würde man denjenigen für einen Thoren halten, der sich bey Wahrsagern und Göttern darnach erkundigte, wie er seine Felder bestellen, Häuser bauen, Heere anführen, und Staaten regieren sollte, weil wir alles dieses durch eigenen Fleiß, oder doch die Zuziehung anderer lernen können. — Allein ausser diesen giebt es noch eine große Menge der wichtigsten Angelegenheiten, deren Kenntniß die Götter den Menschen entzogen, und sich allein vorbehalten haben; dergleichen sind: der glückliche oder unglückliche Ausgang von Heyrathen, die gestiftet, von Kriegen, die angefangen, von Kolonien und Städten, die verschickt und gebaut werden sollen. In allen diesen Fällen verlassen uns unsere Kenntnisse, und wir würden in Ansehung des Erfolgs einer jeden künftigen Unternehmung stets ungewiß bleiben, wenn nicht die menschenliebenden Götter gewisse Zeichen und Vorbedeutungen festgesetzt hätten, oder schickten, aus denen wir die künftigen Folgen unserer Handlungen vorher bestimmen könnten.

ten. Hier würde es thörichten Leichtsinn und gottlose Vermessenheit verrathen, wenn man sich allein auf seine Klugheit verlassen, und den gütigen Rath der allwissenden Götter vernachläßigen wollte.

Ungeachtet Sokrates an eine weltregierende und weltordnende Gottheit glaubte, und in dieser einzigen höchsten Gottheit, die vollkommenste Güte, Macht und Weisheit anerkannte, (Mem. I. 4. IV. 3.) so war er doch kein Freygeist, kein Spötter und Bestürmer der Griechischen Religion, der sich über die Götter seiner Väter lustig gemacht, und Opfer oder Gelübde, die man ihnen darbrachte, für unnöthig erklärt hätte (Xenophon. Mem. I. 3.) Im Gegentheil stimmte er mit der Pythia zu Delphi überein, welche diejenigen für die frömmsten und gottgefälligsten Menschen erklärte, die die Götter nach der Weise der Vorfahren verehrten, — und hielt alle die für windichte Thoren, die eine Ehre darin suchten, nicht wie andere zu denken, und schwache Seelen irre zu machen. Er war in allem Ernste ein rechtgläubiger Grieche, der den Göttern (Mem. I. 1.) nicht nur in seinem eigenen Hause, sondern auch in ihren

Tempeln und auf den gemeinschaftlichen Altären Opfer brachte, den andern eben das zu thun anrieth, und sie in solchen Fällen, wo er ihnen nicht rathen konnte, und sein Genius ihm nichts sagte, an den Apoll zu Delphi verwies. Es ist daher sehr wahrscheinlich, ungeachtet Plato und Xenophon aus leicht zu entdeckenden Gründen es nicht ausdrücklich versichern, daß Sokrates die Griechischen Götter für gewisse Mittelwesen zwischen der höchsten Gottheit, und dem menschlichen Geschlecht gehalten habe, die der Gottheit die Wünsche und Bedürfnisse der Menschen, so wie diesen die Befehle, und den Willen des höchsten Gottes überbrächten. Diese waren es vermuthlich ferner, von denen Sokrates glaubte, daß sie die Urheber der Vorbedeutungen künftiger Begebenheiten wären, und daß sie dergleichen besonders den guten Menschen offenbarten, denen sie gnädig und gewogen wären. (Xen. I. 1. *)

Bey solchen Grundsätzen nun, nach welchen Sokrates nicht nur von der Wirklichkeit

*) [illegible]

der Divination, sondern auch von der ausserordentlichen Gnade überzeugt war, deren gute Menschen von den Göttern genössen, wäre es sehr begreiflich, wie er selbst glauben konnte, einer solchen Gnade gewürdigt zu werden, so bald man nur einige Proben anführen könnte, daß Sokrates einen merklichen Hang zur Schwärmerey, und eine Leichtigkeit, sich täuschen zu lassen, gehabt habe.

Wenn man es von irgend einem Menschen nicht erwarten sollte, daß er ein Schwärmer gewesen sey, so war es Sokrates. Bey der starken bis ins höchste Alter unerschütterten Gesundheit seines Körpers, bey der musterhaften Mäßigkeit und Ordnung in seiner Lebensart, bey dem beständigen Umgange mit Menschen von allerley Ständen, bey einem so kalten, vorsichtig untersuchenden und langsam entscheidenden Geiste, bey einer solchen ruhigen, von keiner heftigen Leidenschaft zerrütteten Seele, endlich bey der zur Gewohnheit gewordenen Aufmerksamkeit auf sich selbst, und alle in ihm vorgehenden Veränderungen, hätte er, scheint es, gegen die allen Schwärmern gemeinschaftliche Krankheit gesichert seyn müssen: zu gewissen Zeiten abwesende

Gegen-

Gegenstände, als gegenwärtig, und zu andern Zeiten wiedrum gegenwärtige Dinge gar nicht, oder doch ganz anders als andere Menschen zu empfinden. Und doch war der mäßige, über alle Leidenschaften siegende, im Handeln und Untersuchen so kalte Sokrates zugleich einer nicht der kleinsten Schwärmer, von denen die alte Geschichte redet.

In dem Feldzuge gegen Potidäa, läßt Plato den schönen Alcibiades (in seinem Gastmahl III. Tom. Oper. p. 220.) erzählen, fieng Sokrates früh Morgens an, über eine wichtige Sache nachzudenken: und da die Untersüchung nicht so glücklich von Statten gieng, oder so bald geendiget wurde, blieb er in der einmal angenommenen Stellung unverrückt stehen. Gegen Mittag wurde es bemerkt, daß Sokrates schon viele Stunden lang in tiefe Betrachtung versunken da stünde, und einer erzählte es im Lager dem andern. Gegen Abend lagerten sich einige neugierige Jonker in der Nachbarschaft vom Sokrates, um ihn zu beobachten, und da er noch immer unbewegt in seiner Stellung blieb, schliefen sie des Nachts unter freyem Himmel, um den Ausgang seiner Meditation abzuwarten. Sokrates

krates kehrte aus seiner Entzückung nicht eher als mit dem heranbrechenden Morgen zurück, und gieng fort, nachdem er die aufgehende Sonne gegrüßt hatte. Auch Diogenes erwähnt dieses Zufalls, erzählt es aber als ein bloßes Gerücht, (II. 23.) daß Sokrates eine ganze Nacht in derselbigen Stellung geblieben sey, und scheint es gar nicht zu wissen, daß Plato in der angeführten Stelle sehr umständlich von dieser Sache geredet hatte. Gellius stimmt viel genauer mit dem Plato überein, (Noctes Attic. II. 1.) setzt aber noch nach dem Philosophen Phavorinus hinzu, daß Sokrates oft in solche vier und zwanzig Stunden lange Meditationen gefallen sey. Auch Antonin (VII. 66.) spielt auf die Ekstasen des Sokrates an, wenn er sagt, daß dieser Philosoph oft ganze Nächte durch unter freyem Himmel zugebracht habe. — Gellius sah das anhaltende Verweilen des Sokrates in derselbigen Stellung, und Antonin das Durchwachen ganzer Nächte unter freyem Himmel als freywillige Uebungen an, die Sokrates unternommen habe, um sich abzuhärten, und zu allen Unfällen des Lebens vorzubereiten. — Allein aus der Erzählung

des

des Plato erhellt, daß das Versinken in sich selbst beym Sokrates unwillkührlich, die Folge einer angefangenen Meditation, und also eine Art von Entzückung gewesen sey.

Ausser der jetzt angeführten Probe finden sich im Plato noch mehrere, eben so redende Beyspiele von einem nicht kleinen Hange des weisen Sokrates zur Schwärmerey. Er hatte sehr oft Erscheinungen (ὄψεις) im Schlafe, bedeutungsvolle, auf seinen jedesmaligen Zustand sich beziehende Träume, die er für übernatürliche Wirkungen, für freundschaftliche Erinnerungen höherer Wesen ansah, auf deren Wahrheit er sich verlassen konnte, und denen er in seinem Leben folgen müßte. — Krito (Plato in Crit. p. 43. 44. et Cicer. de. Diuin. I. 25.) ein reicher Athenienser und zugleich einer der wärmsten Freunde des Sokrates, hörte, daß das Schiff, was die Athenienser jährlich nach Delos schickten, und nach dessen Ankunft Sokrates sterben sollte, schon bey Sunium angelangt sey, und also wahrscheinlich noch denselbigen Tag in den Hafen von Athen einlaufen würde. Er eilte daher voll Schrecken sehr früh zu dem noch schlafenden Sokrates ins Gefängniß, und kündigte ihm die traurige Nachricht an, daß seine Freunde ihn vielleicht schon morgen verlieren würden. Sokrates blieb bey dieser Nachricht ganz ruhig und heiter; antwortete aber dem Krito, daß das Schiff, nach dessen Rückkehr er den Giftbecher trinken sollte, noch nicht den gegenwärtigen Tag ankommen würde. Ihm sey nämlich in einem Traume der letzten Nacht ein schönes wohlgebildetes Weib in weißem Gewande erschienen, das ihm folgenden Vers aus dem Homer zugerufen habe:

ἠματι κεν τριτατῳ Φθιην εριβωλον ἱκοιο.

Tertia te Phthiae tempestas laeta locabit.

und er sey daher überzeugt, daß das Schiff erst morgen kommen, und er also am dritten Tage sterben würde. Der Ausgang, sagt Cicero an der angeführten Stelle, rechtfertigte das Zutrauen, was Sokrates auf sein Traumgesicht gesetzt hatte.

Im Phädo des Plato fragt Cebes, (60.) ein anderer Freund des Sokrates: was er dem Dichter Evenus für Bescheid geben solle, der sich bey ihm erkundigt habe, ob er, Sokrates, noch in seinem Alter Gedichte verfertiget

tiget hätte? Hierauf antwortete Sokrates: daß er schon sehr oft in seinem vorhergehenden Leben durch eine stets wiederkehrende Erscheinung im Schlafe sey aufgefordert worden, sich auf Musik zu legen, daß er diesen Wink als eine bloße Aufmunterung angesehen habe, im Studio der Weltweisheit fortzufahren, die die erhabenste Musik, und die größte Künstlerin der Eintracht und Uebereinstimmung sey: da ihm aber dasselbige Gesicht, auch während seiner Gefangenschaft, stets wieder erschienen sey; und noch immer zum Studio der Musik aufgefordert habe, so habe er endlich diesen Befehl nicht anders als von der eigentlichen Musik verstehen können, und sich also, um der göttlichen Stimme nicht ungehorsam zu seyn, mit der Verfertigung äsopischer Fabeln beschäfftigt. —

Wenn man alle von mir zuletzt zusammen getragene Data zusammen nimmt: daß nämlich Sokrates mit fast allen übrigen Griechischen Philosophen an das Daseyn gewisser Dämonen, und an die Wirklichkeit von Vorbedeutungen sowohl als Vorherverkündigungen künftiger Begebenheiten geglaubt: daß er

tugend-

tugendhafte Männer einer genauern Vertraulichkeit der Götter, und ihrer Offenbarungen würdig gehalten: daß eben dieser Sokrates oft das Bewußtseyn seines Zustandes in mehr als stundenlangen Entzückungen verlohren, und endlich weissagende Erscheinungen im Traume gesehen, und für göttliche Schickungen gehalten habe, so wird man die letzte Vermuthung, die ich hieraus ziehe, nicht länger unwahrscheinlich finden, daß der rechtgläubige und schwärmerische Sokrates Stimme eines Gottes zu hören glauben konnte, die bloß Erschütterungen der Gehörnerven, oder der Fibern seines Gehirns waren, und eben so plötzlich in seiner Seele entstehende Ahndungen über den glücklichen oder unglücklichen Ausgang künftiger Handlungen für Eingebungen eines göttlichen, ihn begleitenden Genius halten konnte.

Es fehlt auch sonst nicht an Beyspielen, sowohl in der alten als neuern Geschichte, daß Männer von den größten Talenten und Kenntnissen, deren innere Organen aber eine ungewöhnliche Beweglichkeit und Empfindlichkeit hatten, und deren Vorstellungen also sehr oft bis zur Stärke wirklicher von gegenwärtigen

Gegen-

Gegenständen erregter Empfindungen erhoben wurden, daß solche Leute übernatürliche Vorbedeutungen wahrzunehmen, und von einem Schutzgeiste geleitet zu werden, glaubten.

Hieronymus Cardanus war einer der sonderbarsten, aber auch der größten Gelehrten des sechzehnten Jahrhunderts, der eben so viel Kühnheit in der Niederwerfung von Vorurtheilen als Scharfsinn sie zu entdecken hatte. Dieser genievolle Sonderling war (de Vita propr. c. 47. Oper. Vol. I. p. 44. 45.) fest überzeugt, daß er, gleich dem Sokrates, Plotin und andern einen Schutzgeist habe, der ihm viele künftige Begebenheiten vorher verkündige. Von seinem frühesten Alter an habe er die Gegenwart eines solchen übermenschlichen Wesens bemerkt, aber bis in sein 74. Jahr nicht gewußt, auf welche Art er ihn von künftigen Vorfallenheiten unterrichte. Bald hätte sein Genius sich durch erregtes Herzklopfen, bald durch eine plötzliche Erschütterung der ihn umgebenden Gegenstände geäussert. Oft habe er ihm unverständliche Wörter, als: Te, Sin, Casa, et Lamant zugerufen, niemals aber die Zukunft bestimmt, und ausführlich vorher gesagt. Unterdessen

 habe

habe er ihm und seiner Erleuchtung einen großen Theil seiner Kenntnisse von himmlischen und unsichtbaren Gegenständen zu danken.

Wenn auch die freye Offenherzigkeit, womit Cardan, wie von seinen Tugenden und Fehlern, so auch von seinem Genius redet, jemandem noch einigen Argwohn von Verstellung übrig lassen sollte; so müssen, glaube ich, folgende Nachrichten, die Cardan uns an einem andern Orte von sich selbst giebt, einen jeden überzeugen, daß auch er im Ernste einen Genius um sich zu haben geglaubt habe. Er konnte (de Rer. Varietate VIII. 48.) in Ekstasen fallen, wenn er wollte, und verlor in solchen Zuständen von Entzückung das Bewußtseyn des äussern Zustandes und alle Empfindlichkeit so sehr, daß er von dem, was um ihn her vorgieng, und seine Sinne rührte, nichts, wenigstens nichts klar, wahrnahm. In eben dem Grade, in welchem er sich von gegenwärtigen Gegenständen entfernen konnte, war er auch im Stande, Entfernte herbey zu rufen, und sie so lebhaft sich vorzustellen, als wenn er sie wirklich empfände. Er konnte alles sehen, was er wollte:

Sterne

Sterne am hellen Tage, und alle Gegenstände in der dicksten tiefsten Finsterniß; doch habe sich (setzt er hinzu,) diese Gabe mit seinem abnehmenden Alter merklich verloren. — Endlich (sagt er) habe er fast von allen wichtigen Zufällen seines Lebens Vorerinnerungen in Träumen erhalten, die gewiß eben so wie beym Sokrates, ungewöhnlich lebhaft seyn mußten.

Cardan kann freylich von keiner andern Seite, als blos in Ansehung seiner feurigen fast wilden Einbildungskraft und seiner ungeheuchelten Aufrichtigkeit, mit dem Sokrates verglichen werden. Er war aber, bey allen Ausschweifungen und Unregelmäßigkeiten im Leben sowohl als Denkart, immer ein Mann von bewunderswürdigen Talenten, und von einem seltenen nie ermüdenden Beobachtungsgeiste, und nur eine kleine Unordnung in seiner Organisation, eine kleine Ueberspannung seiner Gehirnfibern wurde, wie beym Sokrates, Ursache, daß er, wie dieser, Stimmen zu hören, und Eingebungen zu erhalten glaubte.

Ehe ich diese Abhandlung schließe, will ich noch ein Beyspiel anführen, das einen jeden überzeugen muß, welchen sonderbaren

Täuschungen oft die größten Männer, und selbst die zweifelndsten Sucher unterworfen sind. Der Lord Herbert von Cherbury, ein eben so schöner und tapferer Ritter, als grosser Staatsmann, Gelehrter und Philosoph, hatte, wie er selbst erzählt (S. 171. der von ihm selbst verfertigten Lebensbeschreibung, die 1770. zu London gedruckt ist,) als er während seiner Gesandschaft zu Paris sein Werk de Veritate prout distinguitur a reuelatione verisimili, possibili, et falsa, geendiget hatte, es in der Handschrift dem nach Paris entflohenen Grotius, und noch einem andern Gelehrten gezeigt, und beyder ihren Beyfall erhalten. Allein, da er sich bewußt war, wie viele neue, und von der gewöhnlichen Art zu denken abweichende Sätze er vorgetragen hatte, und zugleich also voraus sah, daß er durch ihre Bekanntmachung einige schwache Seelen ärgern, andere irre machen würde; so zweifelte dieser bis zum Muster rechtschaffene Mann noch immer, ob er sein Buch drucken lassen, oder noch eine Zeitlang unterdrücken sollte? — In einer solchen Gemüthsverfassung befand er sich an einem schönen und stillen Sommertage in seinem eigenen Zimmer, warf sich endlich um um aus der ihn quälenden Ungewißheit heraus zu kommen, vor dem Allmächtigen nieder, und betete in der wärmsten Andacht, wie folget:

O du allmächtiger Gott! Vater des Sonnenlichts, das mich jetzo bescheint, und Geber aller innerlichen Erleuchtungen! ich flehe deine unendliche Güte an, mir eine Bitte zu verzeihen, die größer ist, als ein Sünder sie wagen sollte. Ich bin ungewiß, ob ich dieß Buch de Veritate bekannt machen soll, oder nicht? Sollte es zur Ausbreitung deiner Ehre und Herrlichkeit gereichen, so gieb mir ein Zeichen vom Himmel, in dessen Ermangelung ich es unterdrücken will.

Kaum (setzt der Lord hinzu,) hatte ich diese Worte ausgesprochen, als ein helles, aber doch sanftes Geräusch (das keinem irdischen ähnlich war,) vom Himmel herabkam. Ich wurde dadurch so sehr gestärket und erfreuet, daß ich meine Bitte für erhört hielt, und sogleich den Entschluß faßte, mein Buch drucken zu lassen. Die Wahrheit dessen, was ich sage, fährt er fort, bezeuge ich vor dem allmächtigen Gott, auch wurde ich nicht durch meinen eigenen schwärmerischen Aberglauben betrogen, weil ich das Geräusch ganz deutlich

 hörte,

hörte, und meinem Bedünken nach, an dem klärsten Himmel, den ich je sah, selbst die Stelle wahrnahm, von welcher das Geräusch sich herabsenkte.

Wenn man die Denkungsart und den Charakter des Sokrates kennt; so hat seine Ueberzeugung von der Gegenwart eines ihn begleitenden Schutzgeistes, meiner Meynung nach nicht so viel auffallendes, als diese aus dem Leben des Lord Cherbury angeführte Begebenheit. Daß nämlich ein Mann, der die Wahrheit der Christlichen Religion, und die Richtigkeit ihrer Wunderwerke läugnete, oder doch bezweifelte, daß ein solcher Mann die Gottheit gebeten, seinetwegen den Lauf der ganzen Natur zu hemmen, oder zu stören, ihn durch ein Wunder aus seiner Verlegenheit zu reissen, und mit einem Zeichen zu begnadigen, aus welchem er den künftigen guten oder schlimmen Einfluß seines Buchs erkennen könnte: daß er ferner gleich nach seinem verrichteten Gebete, ein solches Zeichen wahrgenommen, und zu seinem Vortheil ausgelegt habe: dieß alles würde schlechterdings unglaublich seyn, wenn er es nicht selbst auf eine Art erzählt hätte, die allen Zweifel unmöglich macht.

II.

Betrachtungen über die Frage:

Ob wir es in unserer Gewalt haben, uns zu verlieben oder nicht?

Ad mea, decepti Iuuenes, praecepta venite;
Quos suus ex omni parte fefellit amor.
Discite sanari — — —
Sed quaecumque viris, vobis quoque dicta, puellae
Credite, Diuersis partibus arma damus.

OVIDIVS.

Wenn die Griechen uns auch nicht, wie ich noch immer Ursache zu glauben habe, an eben so mannichfaltigen als tiefsinnigen Untersuchungen über alle die Gegenstände, die wir jetzt in der Metaphysik abzuhandeln pflegen, übertroffen hätten; wenn sie auch nicht so viele und künstliche Gewebe transcendentischer Spekulationen zusammen gesponnen, nicht so glänzende Eroberungen und Verwüstungen in den noch immer unerforschten Regionen der Intellectual-Welt gemacht hätten; so würden sie doch immer einen großen unbestrittenen Vorzug über alle Philosophen der seit einigen

Jahrhunderten durch sie aufgeklärten Völker Europens dadurch behaupten, daß sie weniger den letzten Zweck aller Wissenschaften aus den Augen verloren, und mehr fürs Leben zur Kenntniß und Bildung ihres Herzens, als zur Nahrung der Eitelkeit philosophirten, daß sie weniger grübelten als beobachteten, und einen größern Ruhm darin suchten, alte, aber bewährte Grundsätze selbst auszuüben, und andere ausübend zu machen, als neue zweydeutige zu erfinden und auszubreiten. Von allen den herrlichen Werken ihrer Weisen, die die Erforschung und Vervollkommung der menschlichen Natur zur Absicht hatten, ist nur der kleinste, vielleicht kaum der tausendste Theil zu uns gekommen: und doch sind diese wenigen Ueberbleibsel Griechischer Weisheit noch immer so zahlreich und wichtig, daß weder Franzosen und Italiäner, noch Engländer und Deutsche ihnen so viele Schriften von ähnlichem Innhalt, und gleichem Werthe entgegen setzen können.

Die Griechen raisonnirten freylich eben so, wie wir, und vielleicht mit größerer Anstrengung und Weitläuftigkeit, über Dinge, die nie waren, und seyn werden, oder die wir, wenn

sie

sie auch sind, niemals begreifen und ausdrücken können. Sie redeten, wie wir, von Zeit, Ort, und leerem Raum, von Ewigkeit und Unendlichkeit, von der Welt, deren Ursprung, Bestandtheilen, Dauer und Untergang, von Freyheit und Nothwendigkeit, von Dämonen und Thierseelen: allein sie wußten auch, was alle diese Speculationen werth waren, hielten sie für Spielwerke denkender Köpfe, oder für Verwahrungsmittel gegen den Aberglauben, ordneten wenigstens die Wissenschaft, die sie in sich faßte, der Ethik unter, in der sie die Natur und Bestimmung des Menschen zu erklären suchten, und Mittel, jene zu veredeln, und diese zu erreichen, angaben.

Diese Ethik nun enthielt dieselbigen Untersuchungen, aber nicht in derselbigen Ordnung, in welcher sie in unsern moralischen Wissenschaften abgehandelt zu werden pflegen: — ferner nicht in gleich viele Abschnitte eingetheilt, und mit denselbigen Namen bezeichnet; allein in ihr wurden doch alle die Lehren vorgetragen, die man als neugebohren, und den letzten Jahrhunderten eigenthümlich ansieht, nur nicht blos so vorgetragen, damit sie von jungen unwissenden Leuten gefaßt, und bald wieder gelehrt werden könnten, sondern damit sie von gesetzten durch Erfahrung und wichtige Aemter schon gebildeten Männern im Leben und Handeln angewandt würden. — Allein nicht nur ihre Methode war wegen der längern Zeit, die Lehrer und Lernende anwandten, und wegen der verschiedenen Absichten, womit die einen unterrichteten, und die andern sich unterrichten ließen, der unsrigen vorzuziehen; die Wissenschaft selbst war reichhaltiger, und handelte viele Materien ab, die man in allen unsern Systemen von Moralphilosophie vergebens sucht.

Zu diesen gehört die Lehre von den Leidenschaften, ihrer Entstehungsart, Verwandtschaft und Mannichfaltigkeit, ihrem Nutzen sowohl als Schaden, endlich die Lehre von den Mitteln, ihnen zu entgehen, oder, wenn sie sich erhoben hätten, sie zu schwächen und zu unterdrücken. Auf alle diese Fragen wandten die Griechischen Philosophen allen Fleiß und Scharfsinn, dessen sie fähig waren, und man darf die Ethik des Aristoteles, die Bücher des Seneca vom Zorne, und die Tusculanischen Fragen des Cicero nur obenhin kennen,

nen, um ihre Arbeiten mit Ehrfurcht und Bewunderung anzusehen. Diese Lehre von den Leidenschaften war es vorzüglich, die der Ethik der Alten die sie von der unsrigen so sehr unterscheidende Form gab.

Diese wichtige Lehre ist aus dem Gebiete der neuern Philosophie fast ganz herausgefallen, und diejenigen, die von den Leidenschaften handeln möchten, wissen nicht, was und wie viel sie von ihren Untersuchungen in dieses oder jenes der vielen willkührlichen Fächer der Philosophie hineinschieben sollen. Wir sind in diesem Stücke noch so weit hinter den Griechen zurück, daß weder wir, noch Franzosen und Engelländer nur die Hälfte von den Seelenbewegungen auszudrücken im Stande sind, die die Griechen mit bestimmten allgemeinen Ausdrücken bezeichneten.

Unter allen Leidenschaften hielten die Griechen von Anbeginn ihrer Philosophie keine so sehr eines jeden Aufmerksamkeit würdig, als die Liebe. Schon Sokrates der Weise sagte, (im Theages des Plato,) daß er freylich nicht so gelehrt sey, als viele seiner Zeitgenossen, die sich Weise nannten, und von an-

dern

dern dafür gehalten würden, daß er, von allen dem, was andere so dreist behaupteten, oder verwürfen, nichts wisse, daß er aber in einer Wissenschaft, nämlich in der Wissenschaft der Liebe keinem unter allen Sterblichen, die gelebt hätten und noch lebten, etwas nachgäbe. Der große Mann schämte sich nicht, in der Kunst zu lieben, sich für einen Schüler der schönen Aspasia, wenigstens der weisen Diotima auszugeben, — und rühmte sich, das Geheimniß eines Zaubertranks zu besitzen, wodurch er seinen Freunden eine unauslöschliche Liebe gegen sich einflöße. Plato, so feyerlich, und ernsthaft er sonst auch war, und so sorgfältig er aus seiner Akademie die lachende Freude verbannte, blieb doch ein eben so eifriger Verehrer des Gottes der Liebe, als Sokrates, und widmete vielleicht die schönste unter allen seinen Schriften, das Gastmahl, der himmlischen Liebesgöttin. Diesen beyden großen Vorbildern folgten fast alle Philosophen Griechenlandes, sie mochten Lobredner des Vergnügens, und der feinern sinnlichen Lust, oder der strengern Tugend seyn, sie mochten in purpurnen Gewändern in den üppigen Höfen der Könige wohnen, oder in

zer-

zerrissenen Lumpen unter den Athenienſiſchen Hallen wandeln. Unter Cyrenaikern und Cynikern, Stoikern, Epikuräern und Peripatetikern war faſt kein merkwürdiger Denker, der nicht über die Liebe geſchrieben hätte; ſelbſt die Stoiker ließen ſich zur Liebe herab, und erlaubten dem Weiſen nicht nur zu lieben, ſondern behaupteten ſo gar, daß er allein die wahre Kunſt zu lieben verſtehe. Unſere neuern Philoſophen haben ſich dieſe ihnen von Alters her angeerbte Lehre durch gute, mittelmäßige und ſchlechte Romanen- oder Dramendichter aus den Händen reiſſen laſſen, und ich weiß nicht, ob die Liebe und das Publikum bey dieſer Einbuße der Philoſophie gewonnen haben. In den wenigſten Modeſchriftſtellern zeigt ſich die Liebe, wie ſie ſich unter uns in unſerm Zeitalter zeigt, ſondern entweder in Zwang oder Rieſengeſtalt, durch eine ſchöpferiſche Phantaſie unnatürlich entweder aus einander getrieben, oder zuſammengepreßt. Einige ſchildern ſie, als eine hohe geiſtige Schwärmerey, und ſammlen aus hundertmal abgeſchriebenen und verunſtalteten Gemälden der Ritterzeit das Ideal einer Leidenſchaft zuſammen, die ſich ſchon ſeit

Jahr-

Jahrhunderten von der Erde verloren hat. Andere sind Feinde von Antiken und Verschönerungen, aber dagegen Crebillonischen Carricaturen desto günstiger, und zeichnen uns daher die Liebe, wie sie gezeichnet werden müßte, wenn wir alle Brüder von den Thieren des Feldes, oder verdorbene Parisische Wollüstlinge wären.

Eine falsche übelverstandene Schamhaftigkeit hält unsere Philosophen zurück, ihre Beobachtungen über eine Leidenschaft bekannt zu machen, der die Natur sich in keinem empfindenden Wesen schämt, die aber im Menschen allein große Unordnungen anrichtet, und eben deswegen des Zauns der Philosophie am meisten nöthig hätte. Diese Schüchternheit gründet sich wahrscheinlich in der, ich weiß nicht, wann und wie entstandenen argwöhnischen Denkungsart des lesenden Publikums, das ganz ruhig bleibt, und keine voreilige Folgen zieht, wenn ein Philosoph von Rache und Zorn, übertriebner Ehrbegierde und Ruhmsucht redet, aber gleich aufmerksam wird, und mit einem zweydeutigen vielsagenden Auge über das Werk eines Schriftstellers

in

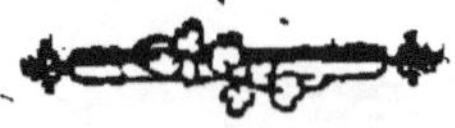

in sein Leben hinsieht, wenn er von der Liebe zu reden anfängt. —

Der Nachläßigkeit würdiger Philosophen schreibe ich's zu, daß sich nirgends mehr schädliche Vorurtheile ausgebreitet und festgesetzt haben, als eben in der Theorie der Liebe, wie sie von Dichtern und Romanenschreibern vorgetragen, und von dem größten Theil unsers Publikums angenommen wird. Bey einer strengern und genauern Aufsicht auf die Denkungsart des großen Haufens hätte sich unmöglich folgender Gedanke einen so allgemeinen, und schwer zu erschütternden Beyfall erwerben können: daß es eben so wenig in unserer Gewalt sey, uns nicht zu verlieben, als es von unserer Willkühr abhänge, ob wir in ein hitziges Fieber fallen wollen oder nicht? Daß es für einen jeden gewisse Personen gebe, deren Reize unwiderstehlich, und deren Impreßionen unauslöschlich wären, daß also der vernünftigste Mann keinen Augenblick sicher sey, von einer liebenswürdigen Thörin in einen verliebten Gecken verwandelt zu werden, und daß man daher niemals stolz auf die Behauptung seiner Freyheit seyn müsse, weil die Liebe sich ge-

gewöhnlich am grausamsten an den Frevlern räche, die ihre uneingeschränkte Herrschaft über Götter und Menschen bezweifelt hätten.

Ich habe mich dieser Irrlehre allenthalben, wo ich nur Gelegenheit gehabt habe, aus allen Kräften widersetzt, weil ich von je her geglaubt habe, daß die Würde der menschlichen Natur dadurch zu sehr herab gesetzt würde: ich bin aber immer in Gefahr gewesen, um meiner guten Absichten und Bemühungen willen für einen Sonderling, oder wohl gar für einen Ketzer in der Lehre von der Allmacht der Liebe gehalten zu werden. Ich habe in allen Ständen, Altern und Geschlechtern die eifrigsten Vertheidiger derselben gefunden, und es ist mir, so weit ich zurück denken kann, nur einer und der andere aufgestoßen, der meiner Meynung gewesen wäre; und nur eben so wenige habe ich von der Falschheit der entgegengesetzten Meynung zu überführen, und zur Meinigen, die ich jetzo beweisen werde, zu bekehren, das Glück gehabt.

Die Bewegungsgründe, aus welchen die Unwiderstehlichkeit der Liebe so allgemein und eifrig vertheidiget wird, sind wahrscheinlich nicht allenthalben dieselbigen. Manche streiten für diesen Grundsatz, weil sie in ihm einen Schutzort gegen begangene oder künftige Fehltritte zu finden glauben. Man befreyt oder erleichtert sich wenigstens von der Schuld einer Schwachheit, wenn man sagen kann, daß man durch die höhere Macht des Verhängnisses oder einer unwillkührlichen Leidenschaft dazu gezwungen worden. — Ich denke aber doch zu gut vom Menschen, als daß ich mit dem Verfasser der Briefe der Lenclos (Lett. VII.) alle Gönner dieser Lehre von dem angeführten, nicht rühmlichen Bewegungsgrund getrieben glauben sollte. Eigene Erfahrungen haben mich gelehrt, daß viele die Liebe nur deswegen für unwiderstehlich erklärten, um sich selbst, oder dem schönen Geschlechte eine Schmeicheley zu sagen. Einige bringen ihrer eigenen Eitelkeit ein Opfer, indem sie sich dadurch als Bewunderer und Kenner der Schönheit, als Männer von ausserordentlicher Empfindlichkeit gegen die Reize des andern Geschlechts zu empfehlen glauben, die, wie sie sagen, nur denjenigen weniger gefährlich wären, die zu grobe oder stumpfe

Sinne hätten, als daß sie jene wahrzunehmen oder gehörig zu schätzen im Stande seyn sollten. Andere suchen durch das Geständniß ihrer Schwäche, und der Uebermacht der Schönheiten des andern Geschlechts, die Eitelkeit des Frauenzimmers zu ihrem Vortheile einzunehmen, weil sie wissen, daß die Omphale sich sehr in dem Schauspiele, den Herkules spinnen zu sehen, gefiel, und daß noch jetzo alle ihre jüngern Schwestern sich sehr darüber freuen, wenn der stolze stärkere Mann sich vor dem Throne, der durch seine eigene Schwäche ihn besiegenden Schönheit niederlegt, und entweder demüthig um Gnade fleht, oder auch geduldig sich Fesseln anlegen läßt. Endlich giebt es auch gewisse Personen, die weder eigene Schwachheiten zu beschönigen, noch auch die Absicht, sich und andern zu schmeicheln, haben, und doch der unwiderstehlichen Gewalt der Liebe das Wort reden, weil sie in allem Ernst überzeugt sind, daß man unter gewissen Umständen der Liebe so gut, als einer jeden andern Leidenschaft unterliegen müsse. Diese Letztern wurden auf ihre Meynung gewöhnlich durch die Beyspiele selbst vernünftiger Personen geführt, die von einer unglücklichen

zu

zu stark gewordenen Neigung wider ihren Willen ins Verderben fortgerissen wurden.

Ehe ich aber meine Meynung, daß für einen jeden, der seine Kräfte ernstlich braucht, keine Neigung zwingend, und keine Reize unwiderstehlich sind, zu beweisen, und die gegenseitige zu widerlegen, im Stande bin, muß ich nothwendig zuvor den großen Unterschied zwischen lieben und sich verlieben aus einander setzen.

Liebe drückt dasjenige aus, was wir für einen jeden Gegenstand empfinden, der uns unmittelbar entweder jetzo Vergnügen verschafft, oder einstens verschafft hat, oder künftig unsren Hoffnungen und Erwartungen nach verschaffen wird. Wir lieben also nicht blos denkende und frey handelnde, sondern auch blos empfindende Wesen, und auch dieß nicht allein, sondern eine zahllose Menge unbelebter todter Werke der Natur und Kunst, so bald sie angenehme Eindrücke und Empfindungen in uns hervor zu bringen im Stande sind.

Liebe, sagte Plato, ist der Wunsch, die Sehnsucht nach der innigsten genauesten Vereinieinigung mit dem geliebten Gegenstande; und nach Leibnitz ist Liebe so viel, als der Wunsch der Erhaltung und der Vervollkommung geliebter Gegenstände, vereinigt mit dem lebhaftesten Eifer zu beyden, so viel als unsere Kräfte erlauben, beyzutragen, und Untergang oder Verschlimmerung von ihnen abzuwenden. Wenn man die Beobachtungen dieser großen Weltweisen vereinigt; so wird man, denke ich, eine richtige und vollständige Vorstellung von demjenigen haben, was in uns vorgeht, wann wir lieben: und zugleich Liebe von dem ihr am nächsten begränzenden Zustande des Vergnügens oder der Freude zu unterscheiden im Stande seyn. Liebe ist mehr als Freude oder Vergnügen, ungeachtet sie beyde zu unzertrennlichen Begleiterinnen hat. Sie ist ein Zustand angenehmer Empfindungen, den wir zu verlängern wünschen, aber zu gleicher Zeit schließt sie Dankbarkeit gegen den äußern Gegenstand, der uns Freuden erweckte, und einen auf diese Dankbarkeit gegründeten Wunsch seiner Fortdauer und Verbesserung in sich; ferner den Eifer, beyde zu befördern, und endlich die Sehnsucht, ihm nahe, oder mit ihm verbunden

den zu seyn, um die gekosteten Vergnügungen noch länger genießen zu können. — Vergnügen oder Freude und Liebe sind eben so sehr verschieden, als Mißvergnügen oder Schmerz und Haß. — Haß ist allemal ein peinlicher Zustand, oder ein solcher Zustand des Leidens, der mit dem Wunsche verbunden ist, von dem Gegenstande, der uns Schmerzen verursachte, entfernt zu seyn, oder ihn wohl gar zerstört zu sehn. Eine ganz natürliche Folge aus den letzten Bemerkungen ist diese, daß man um desto glücklicher ist, je mehr liebenswürdige Dinge man kennt, und wirklich liebet, und daß man auf der andern Seite, in eben dem Verhältnisse, an Vergnügen verliert, und an Schmerzen Zuwachs erhält, je mehr man andere Dinge ausser sich, mit oder ohne Grund, haßt.

Wir lieben blos solche Gegenstände, die uns unmittelbar Vergnügen noch jetzo verschaffen, oder wenigstens ehemals gegeben haben, nicht aber solche, die blos nützlich, das heißt, entweder dazu dienen, Schmerz und Schaden von uns abzuwenden, oder uns auch den Besitz unmittelbar angenehmer Gegenstände zu verschaffen. Geld, Wechsel und Obligationen suchen und begehren wir, aber wir lieben sie nicht, weil sie bloße Instrumente des Vergnügens sind, und uns völlig gleichgültig seyn würden, so bald sie ihren Conventionswerth verlieren, und zum Einkauf unmittelbar angenehmer Gegenstände zu dienen aufhören würden. Aber dagegen lieben wir Dinge, die, wenn sie auch gleich jetzt nicht angenehm mehr sind, uns ehemals Vergnügen erweckt haben. Solche Gegenstände erregen nämlich in uns die Erinnerungen der einst genossenen Freuden, die wir ihnen zu danken hatten, und solche zurückgerufene wiederholte Freuden sind auch Freuden. Eben so können wir entfernte Gegenstände lieben, die uns noch kein Vergnügen gemacht haben, von deren Besitz wir aber sehr vieles hoffen und erwarten. Im letzten Fall ist Vorgenuß, wie im Ersten Nachgenuß der Grund unserer Liebe zu noch nicht erlangten reizenden Gegenständen.

Unbelebte Werke der Natur so wohl als Kunst, die einen oder mehrere unsrer äußern Sinne in angenehme Schütterungen versetzen, lieben wir um desto mehr, je lebhaftere, häufigere und anhaltendere Vergnügungen sie uns gegeben haben, oder unsern Hoffnungen nach, noch geben werden. Nicht alle Menschen erhalten der ursprünglichen Verschiedenheit ihrer sinnlichen Werkzeuge wegen, von denselbigen Gegenständen dieselbigen angenehmen und unangenehmen Eindrücke. Einigen verursacht eben das Schmerz und Abscheu, was in andern Vergnügen und Liebe hervorbrachte; oder, wenn auch ein und eben derselbige Gegenstand mehrern Personen Vergnügen giebt, so ist doch das Vergnügen selbst den Graden nach in mehrern Personen sehr von einander verschieden. Durch diese eben so bewundernswürdige als unbegreifliche Verschiedenheit des Baues unserer empfindlichen Theile, und die daraus entstehenden Unterschiede der Impressionen, die die Organen mehrerer Menschen von denselbigen Objecten empfangen, entsteht eine größere Mannichfaltigkeit liebenswürdiger Gegenstände, und wird eine größere Summe von Vergnügen genossen, als bey einer völligen Gleichförmigkeit unserer Sinne, und der in ihnen erregten Eindrücke möglich wäre. Dadurch nämlich, daß nicht alle an allem gleich viel Wohlgefallen oder Mißfallen finden, wird alles in der Welt genutzt und genossen:

 und

und es giebt eben so wenig schlechterdings häßliche verabscheuungswürdige Dinge, als es allgemein schöne und liebenswürdige giebt. Ein andrer eben so großer Vortheil der Göttlichen Einrichtung unsrer thierischen Oekonomie ist dieser, daß dadurch, daß alle Menschen nicht dasselbige lieben oder verabscheuen, nicht so leicht eine Armuth an liebenswerthen Gegenständen, oder doch ein zu allgemeines Bestreben nach der Erlangung derselbigen Güter entsteht, die vielleicht unvermeidlich gewesen wären, wenn aller Menschen Sinne einerley Bauart erhalten, und daher auch von denselbigen Gegenständen gleich viel Schmerz oder Vergnügen empfangen hätten. Diejenigen also, die die großen Unterschiede in den sinnlichen Werkzeugen der Menschen als eine Unvollkommenheit ansehen, und keine andre Dinge für schön erklären wollen, als solche, die allgemein gefallen, diese bedenken nicht, daß wann der Mensch und die Natur ausser uns, ihren Idealen und Vorschlägen nach, verwandelt würde, jener an Glückseligkeit eben so sehr, als diese an mannichfaltigen Reizen verlieren würde.

Bey

Bey der Liebe, die wir zu leblosen nicht empfindenden Geschöpfen tragen, wird eine vielleicht von mehrern schon bemerkte Täuschung eine reiche Quelle unzähliger kleiner Vergnügungen, von denen wir kein einziges schmecken würden, wenn wir stark oder eigensinnig gnug wären, jedesmal alles, was in uns vorgeht, auf das strengste zu untersuchen, und Wahrheit niemals der Glückseligkeit des Irrthums aufzuopfern. Fast alle Menschen lieben gewisse Gegenstände, besonders diejenigen, an die sie sich lange gewöhnt, und denen sie, während eines grossen Theils ihres Lebens viel Vergnügen zu danken hatten, als: Häuser, Gärten, Schiffe, Waffen, Handwerkszeug, mit einer Zärtlichkeit, die derjenigen fast gleich kommt, die wir gegen lebende und empfindende Thiere hegen. Wir leihen solchen Dingen, ohne es überhaupt, oder doch in einem jeden einzelnen Falle zu merken, Leben und Empfindung. Es ist uns, als wann sie es dankbarlich empfänden, daß sie bisher in unserm schonenden Schutz und Gebrauche gestanden, und als wenn sie trauren würden, wenn wir sie weniger gütigen Besitzern oder Herren übergeben. Ein jeder

 von

von uns hat wahrscheinlich solche reiche Leute gekannt, die weder neue Häuser bauten und kauften, noch die, welche sie bewohnten, sehr ausbesserten, weil sie den Behausungen, die ihre Grosväter, Väter und sie selbst so lange beherbergt hatten, Unrecht zu thun glaubten, wenn sie sie andern Besitzern übergäben, oder sie nicht so lange als möglich, in demselbigen Zustande zu erhalten suchten. Eben so giebt es sehr viele alte Krieger und besonders Seefahrer, die sich von ihren Waffen und Schiffen eben so ungerne, als von ihrem Leben trennen, und beyde nicht abstehen würden, wenn man ihnen auch den zehnfachen Werth dafür bezahlen wollte. Die Figur also, die leblose Gegenstände belebt, ist nicht so kühn, als man gemeiniglich glaubt: auch nicht blos Dichtern eigen, oder allein eine Wirkung heftiger Leidenschaften: sie ist die Wirkung eines allgemeinen Hanges der menschlichen Natur, alle Gegenstände sich so ähnlich als möglich zu machen, eines Hanges, der sich in allen Ständen und Altern, in Gelehrten und Ungelehrten, in Kindern und Erwachsenen äussert. Durch diese unschädliche Illusion werden dem Menschen viele kleine Freuden zu

Theile,

Theile, die kein Unzufriedener jemals in Anschlag gebracht hat, wenn er mit der Vorsehung zankte." Der Mensch liebt dieselben Gegenstände, die er sich bewußt oder unbewußt, als lebend und empfindend träumt, stärker, als er sie lieben würde, wenn er sie für ganz todt hielte: und Zuwachs an Liebe ist für einen jeden Liebenden, Zuwachs an Glückseligkeit. Er sorgt für sie, und hütet sie zärtlicher als andre Dinge, und auch diese kleine Gefälligkeiten und Dienstleistungen belohnen sich selbst. Endlich freuet er sich über ihren Wohlstand, und unterhält sich mit ihnen, als mit lebenden Freunden.

Thiere lieben wir in eben dem Verhältnisse, in welchem sie als Thiere schön sind; das heißt ihren Körper so gebaut, und alle Theile desselbigen in einem solchen Ebenmaße zusammengesetzt haben, daß sie zur Erfüllung ihrer Bestimmung und zu allen ihrer Art eigenthümlichen Verrichtungen vorzüglich geschickt sind; — ferner in welchem sie alle Vorzüge oder doch Schattenbilder (Simulacra) derjenigen Vorzüge besitzen, die wir in Personen unsers eigenen Geschlechts lieben und hochachten.

Lebende und fühlende Wesen lieben wir mehr als unbelebte, weil sie Glückseligkeit, und selbst das Gute, das sie von uns empfangen, zu empfinden, und das erzeigte Gute durch angenehme Dienste, oder doch durch Ergebenheit und Treue dankbarlich zu erwiedern im Stande sind.

Durch eben den Hang, durch welchen wir mehrern leblosen Dingen Leben und Empfindung mittheilen, ergänzen und vervollkommen wir die thierische Natur, geben den Thieren Kräfte und Tugenden, die die Vorsehung ihnen entweder ganz versagt, oder wovon sie ihnen doch höchstens nur sehr schwache Aehnlichkeiten geschenkt hat, und lieben diese von uns verschönerten und uns näher gebrachten Geschöpfe fast eben so inbrünstig, als wir Menschen lieben würden, in denen wir diese Vorzüge wirklich anträfen.

Ungeachtet unter cultivirten Völkern die Eintheilung aller Thiere in vernünftige und unvernünftige allgemein aufgenommen worden, und alle empfindende Wesen, Menschen ausgenommen, in die letzte Klasse geworfen worden; so wird man dennoch finden, daß die mei-

meisten Liebhaber oder Liebhaberinnen gewisser Thierarten einzelnen Individuis derselben, die sie am meisten kennen zu lernen Gelegenheit gehabt haben, vielleicht, ohne es zu wissen, alle die Vorzüge einzeln zugestehen, der sie in ihren Raisonnements nur den Menschen fähig halten. Man wird sehr selten Freunde von Pferden und Hunden antreffen, die nicht in den Lieblingsthieren, deren Dienste und Gesellschaft sie am längsten genutzt haben, unläugbare Spuren des Verstandes und mehrere Tugenden fänden, und diese Geschöpfe deswegen eben so stark, und oft noch stärker lieben, als sie Weib und Kind, oder andre Personen ihres eigenen Geschlechts zu lieben pflegen.

Diese Neigung, den Thieren menschliche Vollkommenheiten zuzuschreiben oder anzudichten, ist unter rohen ungebildeten Völkern viel stärker und allgemeiner, als unter den gelehrten in Städten eingeschlossenen Menschen. Der unwissende mit Künsten und Wissenschaften unbekannte Barbar kommt viel eher in Versuchung, die Thiere seinem Geschlechte zu nähern, oder gleich zu setzen, weil

er

er mit Thieren häufiger umgeht, als mit Menschen, weit öfterer als der von den Thieren entfernte Bewohner der Städte Gelegenheit hat, so wohl die Künste, womit sie ihren Raub haschen und ihren Feinden entgehen, als den auf Zärtlichkeit sich gründenden Muth zu beobachten, womit sie ihre Jungen selbst mit Gefahr ihres eigenen Lebens vertheidigen; — endlich, weil er bey seinen unentwickelten Kräften weit weniger über die Thiere erhaben ist, als der ganz ausgebildete Mensch.

Alle Reisebeschreiber sagen uns daher, daß wilde, oder wenig gebildete Völker entweder allen Thieren oder doch mehrern Geschlechtern, deren Vorzüge sie am besten beobachtet haben, Sprache und Vernunft zuschreiben, und man würde Nordamerikanische Jäger, herumstreifende Araber, Indische Elephantenwärter und Grönländische Fischer eher überreden, daß sie selbst keine Menschen wären, als daß Biber, Pferde, Elephanten und Seehunde nicht gleich ihnen Sprache und Vernunft hätten. *)

Es

*) Die Irokesen (sagt Lafitau Moeurs des Sauvages I. p. 360.) sind weit entfernt, mit dem des Cartes

Es kommt mir daher höchst wahrschein-lich vor, daß die ersten Fabeldichter gar nicht dich-

Cartes die Thiere für bloße empfindungslose Maschinen zu halten. Sie schließen vielmehr aus den Arbeiten und Verrichtungen der Thiere, daß sie sehr viel Geist und Vernunft besitzen. Sie glauben sich auf ihre Sprache zu verstehen, lassen ihre Seelen die Körper überleben, und sind fast überzeugt, daß eine jede Thierart im Himmel, oder im Lande der Seelen ein Muster habe, nach welcher alle übrige Seelen dieser Thierart geschaffen worden. Die Siamesen (Description du Royaume de Siam I. p. 138.) reden vom Elephanten wie vom Menschen, und halten ihn für ganz vernünftig. Sie erzählen von diesem Thiere die wunderbarsten Dinge mit der Mine der stärksten Ueberzeugung, und behaupten, daß sie ein Gefühl von Gerechtigkeit hätten, und durch die Strafen anderer gebessert würden. — Die Siamesen, die den Gesandten Ludewigs XIV. drey Elephanten brachten, nahmen aufs zärtlichste von ihnen Abschied, und sagten ihnen ins Ohr, daß sie nur vergnügt abreisen sollten, weil sie zwar Sclaven, aber Sclaven des größten Königs würden, dessen Dienst eben so sanft dichteten (fingirten), wenn sie Thiere auf eine menschliche Art reden und handeln ließen, sondern blos der allgemeinen Meynung ihres und der vorhergehenden Zeitalter folgten, nach welcher man in Thieren Vernunft und Sprache antraf, und sie so gar in vielen Geschäfften als Muster der Nachahmung für den Menschen ansah. — Die Eintheilung der Thiere, in vernünftige und unvernünftige, fand sich wahrscheinlich erst da ein, als Menschen anfiengen, sich in Städte zurück zu ziehen, und die ihnen eigenthümlichen Kräfte und Vollkommenheiten zu entwickeln, — aber zugleich weniger Gelegenheit hatten, die Vorzüge der für unvernünftig erkannten Thiere kennen zu lernen.

Im letzten Jahrhundert *) vertheidigten einige Philosophen den sonderbaren Satz: Daß

sanft als ehrenvoll sey. — Der weiße Elephant ist der geehrteste in Siam. (S. 130.) Dieser ist so heilig, daß der König selbst ihn nicht besteigen darf, weil er ein eben so großer Herr ist, als der König selbst, und wie dieser eine Königsseele hat.

*) Des Cartes (Part. I. Ep. 67. et 105.) und die meisten von seinen Anhängern. Die Philosophie

daß die Thiere weiter nichts als künstliche Maschinen wären, die nicht allein keine Sprache und Vernunft, sondern nicht einmal Empfindung und Seelen hätten. Diese Meynung war den Erfahrungen und der allgemeinen Denkungsart der Menschen zu sehr zuwider, als daß sie jemals ein daurendes Glück hätte machen können. Wenn sie aber auch wahr gewesen, oder mit unwiderleglichen Gründen unterstützt worden wäre; so hätte sich doch ein jeder menschenliebender Philosoph dieser Meynung widersetzen, und für den alten Irrthum, daß Thiere gleich uns leben und empfinden, aus allen Kräften fechten müssen. Durch jene erste Behauptung würde nämlich der zahlreichste Theil der Schö-

phie des Erstern scheint in Italien noch nicht untergegangen zu seyn, oder auch wieder aufzuleben. Ein neuerer Italiäner Carlo Paroni in seinem Werke Anima delle Bestie impugnata, Udine 1774. ist voll von Cartesianischen Ideen, und ein eifriger Vertheidiger des Satzes, daß die Thiere bloße Seelen- und vernunftlose Maschinen sind.

Schöpfungsbewohner, wie durch einen Schwerdtschlag, getödtet, und eine zahllose Menge von Vergnügungen, die sie dem Menschen als empfindende Wesen verschaffen, zerstört worden seyn. Kein vernünftiger Mann würde es billigen, daß eine einzige elende dürre Wahrheit, um eine so große Summe von Glückseligkeit erkannt und eingekauft würde.

Auch Thiere also veredeln wir, um sie unserer Liebe desto würdiger zu finden. Wie sehr wäre es zu wünschen, daß Menschen zu ihrem eigenen und anderer Vortheile, auch Personen ihres Geschlechts ehe Vollkommenheiten liehen, die ihnen mangeln, als Unvollkommenheiten andichteten, von denen sie wirklich frey sind. Sehr oft, ich will nicht sagen am häufigsten, sehen Menschen andre Menschen von einer ganz andern Seite an, als die ihnen unterworfenen Thiere, die keine Gegenstände ihres Neides werden können. —

Glücklich sind diejenigen, die sich früh und nach geprüften Grundsätzen daran gewöhnt haben, nicht nur aus Gerechtigkeitsliebe, oder in der Erwartung einer gleichen

nach-

nachsehenden Gelindigkeit, sondern auch aus Sorge für ihr eigenes Wohl, aus raffinirtem Eigennutze eher das Gute, als das Böse in andern Menschen aufzusuchen, denen es geläufig geworden ist, die Fehltritte ihrer Brüder aus verzeihlichen Schwachheiten, und nicht aus gehäßiger, unsere Natur schändender Bosheit abzuleiten, die also den guten Menschen besser, und den ausgearteten verdorbenen Menschen weniger schlimm finden, als er wirklich ist.

Menschen lieben wir um destomehr (wenn anders Neid und Feindschaft unsere Empfindungen und Urtheile nicht verfälschen,) je mehr körperliche Schönheiten sie in sich vereinigen, und diese körperlichen Schönheiten durch sichtbare Spuren der Vollkommenheiten des Geistes und Herzens belebt und erhöht werden; je mehr und größere Seelenkräfte sie in einem so ungewöhnlichen Grad der Vortrefflichkeit besitzen, in welchem sie einzeln oder zusammen genommen den Namen von Genie zu tragen anfangen, und diese Seelenkräfte durch die Erwerbung mannichfaltiger nützlicher Kenntnisse ausgebildet, oder zur Bereicherung und Verbesserung von Künsten und

Wissenschaften angewandt haben: — je mehr sie endlich von den Tugenden an sich haben, wodurch sie ihre eigene, unsere und anderer Glückseligkeit am meisten zu befördern im Stande waren, oder inskünftige seyn werden.

Aus einem, oder einigen, oder allen diesen in möglichster Kürze zusammen getragenen Datis getraue ich mir alle Erscheinungen der Liebe zu erklären, die wir zu Personen unsers eigenen Geschlechts tragen. Nach meinem gegenwärtigen Zweck übergehe ich aber die nähere Beleuchtung sowohl der Vorzüge, die Liebe erzeugen, als der Ursachen, warum sie diese Wirkung hervorbringen, und des Verhältnißmäßigen Werths, den sie, gegen einander abgewogen, nach den Urtheilen des grössern Theils des menschlichen Geschlechts haben. Ich bemerke nur, daß Liebe theils nach der Anzahl und Größe der Vorzüge, aus denen sie entsteht, theils nach dem Maaße des Vergnügens und Nutzens, was sie uns und andern wirklich verschafft haben, bald Hochachtung, Bewunderung und Ehrfurcht, bald Freundschaft oder Dankbarkeit genannt werde, oder auch unmittelbar nach sich ziehe.

So wenig Liebe sich allenthalben gleich ist, so wenig ist das Gegentheil etwas durchaus Gleichförmiges oder Gleichartiges. Die der Liebe entgegen gesetzten Gesinnungen nennt man Verachtung, Haß, Feindschaft, Rache, Abscheu, u. s. w. Wir verachten Menschen wegen körperlicher Gebrechen, *) die, ohne schmerzhaft zu seyn, den Körper zu seinen gewöhnlichen Verrichtungen ungeschickt machen; — ferner wegen einer ungewöhnlichen Schwäche der Seelen, oder Eingeschränktheit aller, oder doch der meisten Geisteskräfte; endlich wegen solcher Schwachheiten und Untugenden, die aus Leibes- und Seelenschwäche entstehen, mehr Hindernisse guter Handlungen, als Ursachen von bösen, mehr lächerlich oder beschwerlich, als eigentlich schädlich sind, und zu den gewöhnlichen Arbeiten und Pflichten der Menschen untüchtig machen, dergleichen Feigheit, Kleinmüthigkeit, u. s. w.

 sind.

*) Körperliche Gebrechen, die mit Schmerzen verbunden sind, oder wir mit Schmerzen verbunden glauben, erregen nicht Verachtung, sondern entweder Ekel oder Mitleiden, oder eine aus beyden gemischte Empfindung.

sind. Verachtung wächst, wenn wir wahrzunehmen glauben, daß Personen sich die Mängel, weswegen wir sie verachten, selbst zugezogen haben, oder daß sie sich derselben nicht bewußt sind, und wohl gar die entgegengesetzten Vollkommenheiten zu besitzen glauben. Oft gründet sich aber auch Verachtung nicht auf die Wahrnehmung der erwähnten Gebrechen, sondern auf die Beobachtung, daß große Gaben und Anlagen durch eigene Schuld vernachläßiget worden, und unnütz geblieben sind. Wir verachten Männer, die ihre Talente entweder durch Unfleiß, oder schlechte Lebensart verdorben, und also die großen Absichten, die die Natur mit ihnen vorhatte, vereitelt haben, eben so sehr, und noch mehr, als wenn sie mit verachtungswürdigen Unvollkommenheiten behaftet wären. Verachtung und Haß sind nicht immer beysammen: wir verachten viele Menschen, die wir nicht hassen, und umgekehrt, hassen wir viele Menschen, die wir unmöglich verachten können. Wir hassen Menschen in eben dem Verhältnisse, in welchem sie Kräfte und Lust, uns und andern zu schaden haben, und beyde an uns und andern entweder schon ausgeübt

geübt haben, oder unsern Befürchtungen nach noch ausüben werden. Je grösser also die Vorzüge des Körpers sowohl, als des Geistes sind, die sich mit einem bösen Herzen vereinigen, desto stärker wird die Empfindung des Hasses, weil die Fähigkeit zu schaden mit beyden zunimmt; die höchsten Grade des Hasses sind deswegen am weitesten von Verachtung entfernt: vielmehr verträgt sich Hochachtung und Bewunderung einzelner großen Eigenschaften mit dem Hasse, der vorzüglich unempfindliche Gleichgültigkeit gegen das Glück und Unglück anderer, selbsüchtige Beförderung eigener Vortheile auf Unkosten der übrigen Menschen, und besonders das teufelische Wohlgefallen an den Quaalen empfindender Geschöpfe trifft, und zum Gegenstande hat. Auch Haß und Verachtung derselbigen Person können mit einander bestehen, weil Lust und Vorsatz zu schaden in schwachen Körpern und Seelen bisweilen beysammen wohnen; allein mit der zunehmenden Verachtung nimmt Haß gewöhnlich ab, weil sehr verächtliche Personen wenig gefährlich sind, und entweder leicht vermieden oder im Zaum gehalten werden können.

Abscheu ist der Ausdruck für den höchsten Grad des Hasses sowohl als der Verachtung. Wir verabscheuen Menschen, deren Bosheit so ungeheuer ist, daß wir die Vorstellung davon nicht ertragen können: ferner Geister, die in dem, was sie sagen, so läppisch, in ihren Handlungen so klein, kriechend und niederträchtig sind, daß die Verachtung unleidlich wird, und in Ekel übergeht.

Das Mittel zwischen Liebe und Haß ist die kalte Gleichgültigkeit gegen solche Personen, die in ihrer ganzen Zusammensetzung keine besondere Vorzüge, aber auch keine hervorstechende Fehler haben, und also weder sehr geliebt noch gehaßt werden können. Menschen von diesem Schlage sind unschmackhaft und fade, und auf dem Theater, und in Romanen noch viel unausstehlicher, als im gemeinen Leben, wo man an wirkliche Personen nicht immer so große Forderungen, als an die Geschöpfe dichterischer Phantasien macht.

Wenn ich das, was ich bisher über Liebe gesagt habe, zusammen nehme, so erhellt, daß Liebe sich nicht blos auf unser Geschlecht, oder andere über uns erhabene Wesen einschränke, sondern sich auch über empfindende, und nicht nur über diese, sondern auch selbst über leblose Dinge verbreite, wenn sie anders unmittelbar angenehme Empfindungen zu erzeugen im Stande sind.

Von diesem Zustande des Liebens ist der Zustand des Verliebtseyns himmelweit verschieden. Vielleicht sage ich etwas, was mit den Beobachtungen der meisten meiner Leser übereinstimmt, wenn ich denjenigen verliebt nenne, auf den eine Person vom andern Geschlechte (die unnatürlichen Fälle rechne ich nicht,) einen solchen Eindruck gemacht hat, daß er den ausschließenden Besitz ihrer Person, (und das Glück von ihr allen Personen seines Geschlechts vorgezogen zu werden) für unentbehrlich zu seiner Glückseligkeit hält, oder in beyden wenigstens viel größere Seligkeiten zu finden hofft, als in dem Besitze und der Gegenliebe einer jeden andern Person, mit der er bekannt geworden ist.

Wenn anders die gegebene Erklärung richtig ist; so sind die beyden Zustände des Liebens und Verliebens durch mehrere sehr

 leicht

leicht zu entdeckende Merkmale unterschieden. Die Zahl der Gegenstände, die wir lieben oder lieben können, ist uneingeschränkt; da wir uns hingegen nur in einen einzigen Gegenstand zur selbigen Zeit verlieben können, (wie wohl es dann und wann Personen von so viel fassenden Herzen giebt, daß sie den Besitz und die Gegenliebe mehrerer Personen zu gleicher Zeit für gleich unentbehrlich zu ihrer Glückseligkeit halten können.) Wir lieben nicht blos Menschen, sondern andere empfindende und nicht empfindende Geschöpfe; da wir uns nur allein in Menschen, und zwar, so lange wir unverdorben sind, nur in solche Personen verlieben, die mit uns nicht von einerley Geschlecht sind. Gegenstände, die wir blos lieben, sind mittheilbar, können unbeschadet der Liebe, die wir zu ihnen tragen, von andern genossen und genutzt werden, wenn Niesbrauch und Genuß anders ohne Verschlimmerung statt finden kann. Bey Personen hingegen, in die wir verliebt sind, sind wir auf den ausschließenden Besitz eifersüchtig. Gegenstände dürfen, um geliebt zu werden, nicht wieder lieben, wenigstens nicht so wieder lieben, daß wir den Vorzug vor allen

übri-

übrigen Menschen erhalten: wir verlieben uns aber niemals ohne die schmeichelnde Hoffnung einer gegenseitigen Zärtlichkeit und einer solchen Hochachtung, die uns den ersten Platz in dem Herzen der geliebten Person giebt. Endlich scheint einem jeden Menschen keiner von den vielen Gegenständen, die er liebt, so unentbehrlich zur Glückseligkeit, als der einzige, in den er verliebt ist, dem zu Gefallen er alle, oder den größten Theil der ihm sonst werthen Dinge mit der größten Bereitwilligkeit aufopfern möchte.

In diesen Zustand nun, behaupte ich, wird Niemand durch ein zwingendes Verhängniß, oder einen unwiderstehlichen Hang getrieben; sondern ein jeder, der nur einigermaßen aufmerksam ist, und die Kräfte, die die Natur allen gesunden gut organisirten Menschen verliehen hat, brauchen will, hat es in seiner Gewalt, sich zu verlieben oder nicht, oder, wenn er sich verliebt hat, seiner Leidenschaft Meister zu werden. Doch halte ich es für unendlich leichter, eine schwache eben entstehende Neigung zu unterdrücken, als eine stark gewordene und tief eingewurzelte auszurotten.

Mit Fleiß habe ich die Zahl derjenigen, denen der große Vorzug, nie wider ihren Willen verliebt zu werden, zusteht, nur auf solche eingeschränkt, die nicht ganz unaufmerksam auf sich sind, und ihre Kräfte zu brauchen, sich nicht ganz entwöhnt haben. Es giebt Menschen, die eben deswegen, weil andere zu ihrem Vergnügen stets arbeiteten, und Wollüste allerley Art sich ihnen freywillig und ungesucht darbothen, niemals daran gedacht haben, sich irgend ein gegenwärtiges Vergnügen zu versagen, die also auch einem jeden angenehmen Eindruck nachgeben, ohne auf die nachtheiligen Folgen, die daraus entstehen, zu achten, und ohne sich um die großen Vortheile zu bekümmern, die die Aufopferung eines gegenwärtigen Vergnügens nach sich gezogen haben würde. Bey diesen ist es eben so wenig willkührlich, ob sie sich verlieben wollen, oder nicht; als bey denen, die die Natur so übermäßig empfindlich gegen ein jedes gegenwärtiges Vergnügen gebildet hat, daß sie gleich Trunkenen das Bewußtseyn aller ihrer Grundsätze, der Klugheit und Tugend, so sehr verlieren, als wenn sie nie dergleichen gehabt hätten, und in diesem Taumel der Sinne ganz ausser Stand gesetzt werden, als die unseligen Uebel wahrzunehmen, die mit dem gegenwärtigen Genusse nothwendig verbunden sind, und die sie in den ersten Augenblicken einer ruhigern Gemüthsverfassung selbst einzusehen anfangen. — Wenn ich diese Menschen, die die Natur entweder in der Bildung ihres Nervensystems verwahrloset hat, oder die sich auch selbst durch eine unglückliche Gewohnheit bis zu den Thieren erniedriget haben, ausnehme, so ist für alle übrige Menschen die Liebe eine Leidenschaft, deren Wachsthum, wenigstens wenn wir nur wollen, von uns selbst abhängig ist.

Eine solche Liebe, die uns ihren Gegenstand nothwendig zur Glückseligkeit macht, entstehet unter den bessern edlern Ständen aufgeklärter Völker nicht auf einmal, und beym ersten Eindruck; sie ist, um mich der Eintheilung einiger alten Philosophen zu bedienen, keine hitzige Seelenkrankheit, die plötzlich hereinbräche, und wieder verschwände, sondern vielmehr ein langsames schleichendes Uebel, das sich allmählig unsers Herzens bemächtigt, aber auch alsdenn, wann es am stärksten

sten geworden ist, fast unheilbar oder doch schwer zu heilen ist. Personen, die eine gute Erziehung genossen, und auch andere als sichtbare Schönheiten schätzen und kennen gelernt haben, verlieben sich niemals in einen schönen Körper allein, so lange sie noch nicht untersucht haben, ob die sichtbaren Reize vielleicht nicht durch eine viel größere Zahl gehässiger unsichtbarer, aber doch sehr reeller Mängel überwogen werden; ob nicht in einem schönen Leibe ein häßlicher Geist wohne, und ein verdorbenes Herz schlage. Wir sehen die größte körperliche Schönheit nur als ein von der Natur ausgehängtes Zeichen an, wodurch wir zur Prüfung und Untersuchung des innern Menschen gereizt oder aufgemuntert werden: und man darf gar kein Schwärmer, sondern nur ein vernünftiger Mann und Beobachter andrer Menschen seyn, um an sich selbst und andern wahrzunehmen, daß die Vorzüge des Geistes und Charakters die belebenden Principia sind, die einem schönen Körper den Werth und die Zauberkraft mittheilen, wodurch wahre daurende Liebe, und nicht vorübergehende Begierden erregt werden. Wenn also Schönheit des Körpers allein,

un-

unbegleitet von den Schönheiten des Geistes oder Herzens, bey vernünftigen Personen beyderley Geschlechts keine wahre Liebe erregen kann, als von welcher hier die Rede ist; so kann Liebe auch nicht plötzlich und in wenigen Augenblicken entstehen, weil Vollkommenheiten des Geistes und Herzens sich nicht so zur Schau tragen, nicht so geschwind übersehen und wahrnehmen lassen, als die Reize der Farbe und Form, die in einem Momente mit vereinigter Kraft wirken können, und mit einem scharfen Blicke sich größtentheils fassen lassen.

Nur in solchem Zeitalter, wo Menschen freylich gegen körperliche Schönheit nicht mehr unempfindlich sind, das weibliche Geschlecht aber noch keine Gelegenheit hat, Geist und Herz zu bilden, und durch Aufklärung und sittliche Tugenden sich übereinander zu erheben; in Zeitaltern also, wo sichtbare Reize allein geschätzt werden, und den einzigen Maaßstab zur Bestimmung des Werths eines Frauenzimmers hergeben; in solchen Zeitaltern ist Liebe gleich dem Zorne eine Leidenschaft, die plötzlich entsteht, durch die größten Gewaltthätigkeiten zu ihrer Befriedigung dem Ge-

nusse

nusse eilt, aber auch nach dem Genusse eben so schnell wieder verschwindet, als sie entstanden ist. So war das Heldenzeitalter der Griechen beschaffen, in welchem dies Volk zwischen der äussersten Wildheit und bürgerlicher Cultur in der Mitte stand, in welchem die Männer gegen die Schönheiten des Körpers äusserst empfindlich, die Griechinnen aber noch nicht im Stande waren, durch die Ausbildung anderer Talente ihre körperlichen Reize mehr geltend zu machen, oder auch deren Abgang zu ersetzen. Fast alle vergötterte Bezwinger thierischer und menschlicher Ungeheuer verliebten sich unzähligmal auf ihren Zügen und Streifereyen in eine jede Schöne, die ihnen aufstieß; ließen sich's aber gar nicht einfallen, irgend eine von den damals noch unerfundenen Künsten zu gebrauchen, wodurch man später Herzen zu stehlen gelernt hat, bemühten sie nicht, Liebe zu verdienen und Gegenliebe zu erhalten, sondern bemächtigten sich mit eben der starken Faust, womit sie Räuber und Wölfe erlegten, ihrer weiblichen Beute, und setzten sich mit eben der Gewaltthätigkeit in den Besitz der durch das Recht des Stärkern errungenen Guts. Körperliche

Schön-

Schönheit war der einzige Grund ihrer Liebe, und Genuß, zu welchem Gegenliebe ihnen sehr entbehrlich schien, ihre Befriedigung und ihr Grab. Sie machten sich daher kein Gewissen daraus, geraubte Mädchen und Weiber zu verlassen, wenn sie ihrer überdrüßig waren, oder sie auch andern abzutreten. Alle Ueberlieferungen aus jenem Zeitalter sind mit Erzählungen von Mädchenraub, Entführungen und Treulosigkeiten angefüllt: und die meisten Kriege der damaligen Zeit entstanden, um solche Gewaltthätigkeiten zu rächen, und entführte Schönen wieder zu erobern, die durch ein oder andres verliebtes Abentheuer in den Augen der Männer und Geliebten nichts zu verlieren schienen.

Mit der Ausbreitung der Cultur, und der Verfeinerung beyder Geschlechter gewinnt die Liebe allmählig eine ganz andre Gestalt; sie wird nicht mehr durch dieselbigen Ursachen hervorgebracht, und hat auch nicht denselbigen letzten Zweck. Sie bleibt nicht länger thierische Brunst, die durch den Anblick körperlicher Schönheit erregt, und durch ihren Genuß getödtet wird. Erziehung und Kenntnisse geben dem schönen Geschlecht unter allen aufgeklärten Völkern, wo sie nicht eingekerkert gehalten, und vom Umgange mit vernünftigen Männern ausgeschlossen werden, solche Vorzüge, die sie vorher nicht erlangen konnten. Männer sehen sie nicht mehr als bloße Instrumente eines sinnlichen Vergnügens an, und schätzen sie nicht allein nach den Talenten, dieß Letzten geben zu können, sondern suchen in ihnen diejenige Ausbildung des Geistes, und alle die gefälligen weiblichen Tugenden, wodurch sie angenehme Gesellschafterinnen von vernünftigen Männern, zärtliche Mütter und kluge Hausfrauen werden können. Liebe selbst ist vielweniger thierische Begierde, als zärtliche ehrfurchtsvolle Hochachtung, und ihr Zweck nicht augenblicklicher Genuß, sondern daurendes Beysammenleben. Sie verliert gegen die Liebe ganz sinnlicher Völker an Lebhaftigkeit, gewinnt aber an Dauer; entsteht nicht so geschwind, ist aber auch anhaltender. Man wird daher auch immer finden, daß mit zunehmender Cultur plötzliche Verliebungen und gewaltsame Entführungen, die in barbarischen Zeitaltern und Völkern so häufig sind, immer seltner und seltner werden.

Wenn also die Liebe nicht das Werk eines Augenblicks ist, sondern allmälig entsteht, und wächst, bevor sie eine unüberwindliche Beherrscherin unserer Seelen wird; so lassen sich gegen diese Feindin unserer Ruhe auch Gegenmittel ausfindig machen und brauchen, wodurch sie in ihren ersten schwachen Anfängen unterdrückt werden kann. Keine andere Leidenschaft kündigt sich durch so viele, freylich nicht äussere, sondern innere Symptome an, die Niemanden entwischen können, der nur mit ganz gewöhnlicher Aufmerksamkeit auf die in ihm vorgehenden Veränderungen Acht giebt; und ich bin fest überzeugt, so sehr Dichter und Romane auch das Gegentheil versichern, daß kein Sterblicher sich jemals ernstlich zu verlieben angefangen hat, ohne die seinem Herzen geschlagenen Wunden zu empfinden. Du bist verliebt, guter Jüngling, (sagte Plutarch) oder in Gefahr, es zu werden, nicht alsdann, wann du gerne in Gesellschaft eines Mädchens bist, sondern wenn die Abwesenheit von ihr dir schmerzhaft wird, und du mit einer peinlichen Sehnsucht nach ihr dich wieder hinneigst. Wenn (setze ich hinzu) deine übrige Leidenschaften und deine heftigsten

sten Wünsche matt zu werden anfangen; — wenn du gegen Güter und Uebel, die du vorher eifrig suchtest und flohest, gleichgütig, gegen deine alte Freunde und Freundinnen kälter wirst, und weniger Vergnügen in ihrem Umgange findest, als du vorher darin genossest; wenn du andren ihres Geschlechts nach Aehnlichkeiten, die du zwischen ihnen und deiner Geliebten wahrnimmst, oft wegen gewisser gemeinschaftlichen Fehler gewogen wirst; wenn du dein Ideal von Schönheit nach ihrem Bilde entweder zusammen zu setzen oder zu verändern anfängst, und dich auf eine partheyische Art entweder für Blonde, wenn sie blond, für Braune, wenn sie braun ist, u. s. w. erklärst; wenn du ihren Namen nie nennen hören kannst, ohne daß deine Brust von einem leisen Seufzer der Sehnsucht gehoben, und deine Nerven von einem Schauder ergriffen werden, von welchem du selbst nicht weist, wie viel Vergnügen oder Schmerz darin zittert; wenn du auf einmal von allen ihren Angehörigen, Freunden und Verwandten, ohne sie näher zu kennen, ein Vertheidiger und Verehrer wirst, und sie blos deswegen liebst, weil sie das Glück haben, von

der

der Freundin deines Herzens geliebt zu werden. *) Wenn du von ihr weniger gerne, als von deinen übrigen Bekanntinnen sprichst, entweder weil du dich zu verrathen, oder nicht Ehrerbietung genug gegen sie anzutreffen fürchtest, — wenn du in ihrer Gesellschaft nicht so witzig und munter als sonst bist, oder auch nicht zu seyn Lust hast; wenn ferner die Gegend, wo sie wohnt, eine Anziehungskraft auf dich auszuüben, und du allerley Vorwände zu deiner eigenen Entschuldigung und Täuschung aufzusuchen anfängst, um Gelegenheit zu finden, sie zu sehen, oder von ihr gesehen zu werden; wenn endlich in den Stunden süsser Träume und Phantasien, wo du sonst in die schönen Jahre deines verflossenen Lebens zurück zu kehren, oder die Seligkeiten einer dir entgegen lachenden Zukunft vor zu geniessen pflegtest, ihr Bild ohnverzüglich vor deine Einbildungskraft sich hin-

*) Geschwätzigkeit ist ein Beweis einer sichern oder gekrönten Liebe: Zurückhaltung und geheimnißvolles Stillschweigen hingegen eine Wirkung einer jüngern schüchternen Leidenschaft, die wir uns selbst noch nicht gestehen wollen.

hinstellt, und dich selbst alsdann, wenn du mit den wichtigsten Untersuchungen beschäfftiget bist, von deinen Meditationen abzieht; dann, mein Freund, wann du alle, oder einige von diesen Zufällen an dir wahrnimmst, dann ist es ein Zeichen, daß du liebekrank bist; dann ist es Zeit, Arzeneyen zu nehmen, und eine Seelenkur anzufangen. Dann bist du verliebt, wann du auch gleich keine schlaflose oder unruhige Nächte hast, und gleich den trostlosen Schäfern der alten und neuern Zeit hingehst, den Namen deiner Geliebten in die Rinden blühender Bäume zu graben, oder dein Herzeleid den Nymphen des Bachs, und des Waldes in tröstenden Elegien zu klagen.

Wenn jemand an diesen oder ähnlichen Zeichen den herannahenden Sturm einer sich erhebenden Leidenschaft merkt; dann ist es Zeit, das innere Ohr der gewiß oft ertönenden Stimme der Klugheit und Tugend entgegen zu kehren, um zu vernehmen, ob die entstehende Liebe mit den Gesetzen dieser beyden Schutzgöttinnen menschlicher Glückseligkeit übereinstimme oder nicht? und, wenn das Letztere seyn sollte, alle die unseligen Folgen so voll-

vollständig und lebhaft als möglich zu überdenken, die aus der Befriedigung einer unsinnigen oder lasterhaften Leidenschaft für dich, den Gegenstand deiner Liebe, für alle mit euch verbundene Personen, selbst für die Gesellschaft, von denen ihr heilige Mitglieder seyd, nothwendig entstehen müssen. Die Schmerzen, die das lebendige Anschauen deines eigenen künftigen Unglücks und des Jammers so vieler durch dich zu Boden geschlagener Personen über deine Seele ergießen wird, werden zuverläßig den schmeichelnden Hoffnungen der Liebe und den Seligkeiten, die der Vorgenuß des Besitzes deiner Geliebten dir gewährt, das Gleichgewicht halten; sie werden allemal, wenn die Gegenwart oder das Bild deiner Geliebten dich mit Wollust erfüllt, wieder hervorbrechen, sich mit den Vergnügungen der Liebe erst vermischen, und sie bald so schwächen, daß du nach einem nicht lange Zeit anhaltenden Kampfe, zur vorigen Gesundheit deiner Seele gewiß wieder zurückkehren, und für deine Beharrlichkeit durch das uns unaussprechliche Vergnügen belohnet werden wirst, keinen Theil der schönen Schöpfung verwüstet, und keine zum Glücklichseyn er-

erschaffene Wesen unglücklich gemacht zu haben. Wenn ein jeder von uns bey einer entstehenden Leidenschaft nur die Betrachtungen anstellte, und die Kräfte brauchte, die er bey vielen minder wichtigen Gelegenheiten zu brauchen pflegt; so würden wir gewiß alle gegen eine unbesonnene und lasterhafte Neigung gesichert seyn. Man kann mit Zuversicht, und ohne sich irgend einer Prahlerey oder Unwissenheit, der Gebrechlichkeit unserer menschlichen Natur, verdächtig zu machen, einem jeden Jünglinge, selbst dem, den eine ungewöhnliche Empfindlichkeit gegen alle Arten von Schönheiten Niederlagen am häufigsten aussetzt, Unverwundbarkeit des Herzens, und Sieg über seine Leidenschaft versprechen, wenn er folgende Fragen sich geläufig machte, sich stets gegenwärtig erhielte, und in einem jeden Nothfalle selbst mit der Partheylichkeit, die eine wachsende Leidenschaft nach sich zieht, vor seinem eigenen Gewissen beantwortete: ob der Gegenstand seiner Liebe auch dieser Liebe würdig, oder mit solchen Mängeln behaftet sey, die eine fortdaurende Neigung unmöglich machen? ob nicht mit hinreissenden Schönheiten solche Fehler vergesellschaftet

sind,

sind, die durch den mächtigen Zauber der Liebe jetzo in verzeihliche wohl gar liebenswürdige Schwachheiten zusammenschrumpfen, die aber nach der, durch den Genuß bewirkten Entzauberung zur riesenmäßigen Größe unerträglicher Mängel aufwachsen werden? ob ferner, wenn der Gegenstand seiner Zärtlichkeit auch wirklich liebenswürdig wäre, Gegenliebe sich hoffen läßt, oder eine frühere Verschenkung des Herzens, Ungleichheit der Gesinnungen und Denkart, Verschiedenheit des Standes, der endlichen Erfüllung seiner Wünsche unübersteigliche Hindernisse entgegen setzen? *) Ob ferner seine Liebe unsträflich ist, oder, gleich einem verschlingenden Ungeheuer, einem rechtschaffenen Vater seine geliebte Tochter, einem Freunde oder unschuldigem Manne sein geliebtes Weib, einer zarten weiblichen Seele ihre Tugend und Unschuld,

 und

*) Eins der besten niederschlagenden Mittel wider die Liebe ist unstreitig der Gedanke, durch ein spöttisches oder mitleidiges Nein gekränkt zu werden, und eine stolze lachende Geliebte in den Armen eines glücklichen Nebenbuhlers zu sehn.

und endlich ihm selbst alle Achtung der Bessern, alle Gewissensruhe auf die folgende Lebenszeit rauben wird? oder endlich, wenn er auch den würdigen Gegenstand einer reinen Liebe zu erhalten Hoffnung hat, ob er nicht durch eine unzeitige Zärtlichkeit sich und seine Geliebte, und die künftige Früchte ihrer keuschen Umarmungen der, allen edeln Seelen so fürchterlichen Armuth, oder der schimpflichen Gnade anderer aussetzen, und sich selbst zu allen grossen oder nützlichen Unternehmungen unfähig machen wird, zu denen die Natur ihn bestimmt und hervorgebracht hat. Wenn jemand alle diese Gewissensfragen, und die unausbleiblichen unglücklichen Folgen einer unbesonnenen oder lasterhaften Liebe sich stets gegenwärtig erhält; dann wird er gewiß nie durch eine wider seinen Willen entstehende Leidenschaft überwältiget werden. Durch diese Betrachtungen verwahrt, erhielten von je her rechtschaffene und vernünftige Männer ihr Herz mitten unter den Reizen der schönen Weiber und Töchter ihrer Freunde, die sie nicht lieben durften, unversehrt, und was diese gethan haben, können wir durch eben die Mittel gestärkt noch immer nachthun.

Wenn einer sich auf diese angezeigten Hülfsmittel, und auf seine eigene Stärke nicht genug verlassen sollte; so ist noch ein Mittel übrig, was freylich sehr herbe ist, aber auch die älteste und tiefgewurzelte Leidenschaft heilt: ich meyne die Flucht oder Entfernung vom geliebten Gegenstande. *) Durch eine lange Entfernung verschwinden, nach den physischen Gesetzen der Einbildungskraft, immer die Erinnerungen einiger Reize und Schönheiten, und selbst diejenigen, die zurück bleiben, werden immer schwächer und schwächer, anstatt daß durch fortgesetzten Umgang immer neue Schönheiten entdeckt, und die Impreßionen der vorher bemerkten stets erneuert und tiefer eingeprägt werden. Man hat zwar gesagt, daß wahre Liebe durch lange Abwesenheit und Trennung gar nichts verliere, allein meinen Beobachtungen nach ist dieser Ausspruch nur ein Bonmot, oder gilt höchstens nur von einigen Schwärmern, die entweder in eine müßige Einsamkeit fliehen, um

*) Man sehe die Unterredung des Araspes und Cyrus. Xen. Cyrop. V. 1.

um ein geliebtes Bild ihrer Phantasie ungestört anzuschauen, oder auch die ganze Welt als eine Wüste ansehen, in der sie kein Glück weiter genießen, kein Gutes mehr stiften können.

Ich ziehe also aus den vorhergehenden Betrachtungen folgenden Schluß, daß, weil wir (wenige ausgenommen) alle im Stande sind, die Entstehung und den Anwachs der Liebe in uns wahrzunehmen, —, weil wir ferner entweder vor oder gleich nach der Entstehung derselben uns alle unausbleibliche Folgen einer unbesonnenen oder strafbaren Neigung so lebhaft vorstellen können, daß die mit dieser Vorstellung verbundene Schrecken und Schmerzen den süßen Eindrücken der Schönheit und den Hoffnungen der Liebe, wenigstens das Gleichgewicht halten, weil wir endlich uns von dem geliebten Gegenstande so bald und so sehr entfernen können, daß das Bild desselbigen, und mit ihm die erregte Neigung verdunkelt und geschwächt werden muß; so können wir alle mit einem mäßigen Grade von Selbstbeobachtung, Anstrengung

und

und Vorsicht uns gegen eine jede unwillkühr-liche und unüberwindliche Liebe in Sicherheit setzen, so wie wir den Reiz des süssesten Giftes überwinden können, wenn wir gewiß wissen, daß auf dessen Genuß Tod oder Verlust der Gesundheit unmittelbar erfolget. Das ganze Geheimniß also, sich nicht wider seinen Willen zu verlieben, besteht darin, den Eindruck einer schönen Person nicht zu stark werden zu lassen, oder ihn mit solchen Betrachtungen zu associiren, wodurch er anfangs geschwächt und nachher erstickt wird.

So sehr meine Meynung auch mit dem allgemein aufgenommenen Vorurtheil von der unwiderstehlichen Macht der Liebe streitet; so bin ich doch überzeugt, daß die Handlungen und das Betragen der meisten Menschen mit der ersten mehr übereinstimmen als sie selbst glauben. Die meisten Menschen nämlich sind stärker, haben und brauchen mehr Kräfte, als sie sich selbst zutrauen: und es sind unstreitig mehr Menschen, die eine entstehende Leidenschaft der Liebe überwunden haben, als die sich von ihr haben überwinden lassen. Alle unverheyrathete Personen beyderley Geschlechts kennen immer eine oder die andere, die die meisten Vorzüge des Körpers oder des Geistes und Herzens in sich vereinigt: und selbst unter den Verheyratheten sind viele, die mit solchen Personen bekannt werden, denen sie grössere Vollkommenheiten zugestehen müssen, als welchen sie einmal ihre Liebe, ihr Herz und ihre Hand geschenkt haben. In beyden Fällen müßte und würde immer eine unwiderstehliche Neigung entstehen, wenn nicht jene sowohl als diese den Wachsthum der Leidenschaft durch den Gedanken, daß sie entweder gar nicht, oder nicht anders als mit ihrem und mehrer Personen Unglück befriedigt werden könnte, zurückhielten. Gegen alle diese Fälle, in denen Liebe überwunden wird, ist die Anzahl der entgegengesetzten, wo eine sträfliche oder unbesonnene Liebe Siegerin wird, immer nur sehr klein und unbeträchtlich. Selbst diejenigen Personen, von deren Verbindung wahre gegenseitige Liebe der Grund war, werden bey einer genauern Prüfung dessen, was in ihrem Herzen vorgieng, finden, daß ihre Zärtlichkeit erst da anfieng, stark und unüberwindlich zu werden, als sie den Werth ihres oder ihrer Geliebten geprüft hatten, und gegründete Hoffnung erhielten, durch seinen, oder ihren Besitz glücklich zu werden. *)

Selbst diejenigen Menschen, die in ihren Reden und allgemeinen Sätzen die Unwiderstehlichkeit der Liebe behaupten, gehen von ihren eigenen Grundsätzen in allen den einzelnen Fällen ab, wo Personen durch eine unbesonnene Leidenschaft sich und andre unglücklich gemacht haben. Sie sind nicht gelinder in ihren Urtheilen, als andre, wann ein gesetztes Mädgen ihre Unschuld einem unwürdigen Ehrenschänder Preis gegeben, oder eine vernünftige Matrone den ihrem Gemahl geschwor-

*) Nous sommes (schreibt die angebliche Ninon de Lenclos im 8ten Briefe) plus éclairées, plus consequentes, que vous ne le croyez. Chacune de nous fait interieurement son petit calcul, examine, juge ce, qui convient à son gout, à son etat, à son humeur, et nous raisonnons plus que nous ne l'imaginons nous mêmes. On ne croit plus aujourd'hui aux facultés occultes, ni aux enchantemens. On cherche la raison de tout avec de bons yeux, on la trouve.

schwornen heiligen Eid der Treue einem Ehebrecher zu Gefallen gebrochen hat: und eben so verdammen und verabscheuen sie Männer, denen sie nicht das flebile beneficium eines kindischen Verstandes zugestehen, wegen der Verführung unvorsichtiger Mädgen oder Frauen eben so sehr, als wenn sie nie an eine unwillkührliche oder unwiderstehliche Liebe gedacht hätten. Auch wird man auf der ganzen Erde kein Volk und keinen Gesetzgeber finden, der einem Verführer oder Ehebrecher die Exception: von der Unwiderstehlichkeit der Liebe, hätte angedeihen lassen. Diese allgemeine Verachtung oder Verabscheuung solcher Personen, die durch unbesonnene Liebe unglücklich geworden sind, oder andere unglücklich gemacht haben, zeigt gleichfalls, daß man wenigstens in solchen Menschen, die ihre Vernunft und übrigen Kräfte gebrauchen konnten, die Liebe nicht für unwiderstehlich gehalten habe, und zu halten pflege.

Daß die Liebe ferner, wenigstens nicht für alle Menschen und in allen Fällen, selbst nicht gegen solche Personen, die, unserm Urtheil nach, die meisten Vollkommenheiten besitzen, unüberwindlich sey, kann man ferner aus der Betrachtung aller der Unordnungen abnehmen, die alsdenn nothwendig in allen menschlichen Gesellschaften erfolgen werden. Alle unverheyrathete Personen, die das Alter der Liebe erreicht hätten, müßten alsdann ohne Ausnahme verliebt seyn, weil sie alle Bekannte oder Bekanntinnen haben, die die größten und meisten Vorzüge in sich vereinigen, und diese Liebe würde in ihnen nur so lange fortdauern, als sie auf keine andere Personen stießen, die noch liebenswürdiger wären. Unverliebte Personen würden eben so selten, als beständige Liebhaber und Liebhaberinnen, oder getreue Gatten seyn, wovon ein jedes doch sehr häufige Beyspiele in seiner eigenen Erfahrung so gar weit nicht suchen darf.

Fast alle Leidenschaften sind so beschaffen, daß wir durch den Bau unserer empfindlichen Theile zu einigen mehr als zu andern geneigt sind, eben daher leichter und öfter hineinfallen, und schwerer von ihnen geheilet werden: allein keine einzige, selbst von den physischsten, die dem gebildeten Menschen mit den größern Thieren und den rohesten Wilden gemein sind, z. B. Traurigkeit, Zorn, Rache, sind unüberwindlich und so hartnäckig, daß sie nicht durch Uebung und gute Grundsätze bis zur Unschädlichkeit gemildert werden könnten. Es ist daher sehr unwahrscheinlich, daß die Liebe allein, die nicht blos die Befriedigung eines körperlichen Bedürfnisses zur Absicht hat, wider unsern Willen in uns entstehen, und sich behaupten sollte.

Wie herrlich würde ich die Mühe, die bisher vorgetragenen Betrachtungen aufgeschrieben zu haben, belohnt glauben, wenn ich hoffen könnte, irgend einen Jüngling oder ein Mädgen aufmerksamer auf sich selbst gemacht, ihnen Zutrauen zu ihren Kräften eingeflößt, Mittel zur Besiegung einer Leidenschaft an die Hand gegeben, und endlich das Vorurtheil von der Unüberwindlichkeit der Liebe benommen zu haben, das gar nicht der Widerlegung werth wäre, wenn es ein blosser theoretischer Irrthum wäre, und nicht sehr oft Sorglosigkeit, oder die kleinmüthige Verzweifelung, eine sich erhebende Leidenschaft besiegen zu können, nach sich zöge.

III.

Schutzschrift

für den Stand und die Lebensart der Professoren.

Es ist seit einiger Zeit unter verschiedenen Gelehrten Mode geworden, auf ihre Mitbrüder, die Professoren, entweder mit einem stolzen Auge der Verachtung, oder dem erniedrigenden Blicke des Mitleidens herab zu sehen, und sie entweder für lächerliche Pedanten, oder doch für unglückliche Menschen zu halten. Es ist vielleicht der Mühe nicht ganz unwerth, etwas genauer zu untersuchen: ob denn auch dieser Stand so sehr verachtet, oder bedauret zu werden verdiene, der in allem Betracht selbst seinen Feinden nicht unwichtig scheinen kann, da er dazu bestimmt ist, unsern besten und edelsten Jünglingen den größten Theil derjenigen Kenntnisse mitzutheilen, wodurch sie in Stand gesetzt werden sollen, alle hohe und niedrige Bedienungen des Staats zu verwalten.

Am meisten habe ich mich immer darüber gewundert, daß alle diejenigen, die von den Professoren am verächtlichsten redeten, entweder junge Laffen waren, die des Unterrichts derselben noch nöthig hatten, und ihn sehr oft auch wirklich noch brauchten, oder solche Gelehrte, die bey ihren einträglichsten Unternehmungen zum Rathe oder Beystand von Professoren ihre Zuflucht nahmen und nehmen mußten, oder endlich solche, die sichs am Ende noch gefallen ließen, in eine Klasse von Menschen einzutreten, die viele Jahre lang der Gegenstand ihrer Spöttereyen gewesen war. Alle diese Professorenverächter hätten bey einem mäßigen Grade von Selbstkenntniß es einsehen müssen, daß sie gar keine rechtmäßigen Richter bey der Entscheidung der Vortheile und Nachtheile eines Standes seyn konnten, den sie entweder gar nicht, oder nur sehr unvollständig kennen zu lernen Gelegenheit gehabt hatten. In der Entfernung, wo sie standen und beobachteten, fielen ihnen nur die Unbequemlichkeiten des akademischen Lebens in die Augen, und auch diese vergrößerten sie entweder aus Muthwillen, oder noch weniger rühmlichen Bewegungsgründen, und übersahen hingegen alle Vortheile eines Standes, die man erfahren haben muß, um ihren Werth zu fühlen und beurtheilen zu können.

Unter

Unter allen, welche die Professoren, und ihren Stand entweder verachtet, oder bedauret haben, kann schwerlich jemand wider beyde mehr eingenommen gewesen seyn, als eben ich, der ich jetzt ihre Vertheidigung übernehme. Allein eine glückliche Erfahrung heilte mich von meinem Vorurtheile, das aus Uebereilung und Unwissenheit zugleich entstanden war, und lehrte mich bald, daß Professoren gar keine Ursache haben, andere Gelehrte, die es nicht sind, und andere Stände unsrer Gesellschaften zu beneiden. Das, was man für Nachtheile und Unbequemlichkeiten des akademischen Lebens gehalten hat, waren entweder wirkliche Vorzüge, oder auch solche Unbequemlichkeiten und Nachtheile, die dieser Stand mit den meisten übrigen Ständen gemeinschaftlich trägt: und auch diese werden wiederum durch solche Vortheile ersetzt, um derenwillen man noch mehrere übernehmen könnte. Ich will daher sowohl die Vortheile, als Nachtheile, die guten und schlimmen Seiten des akademischen Lebens aus eigenen Erfahrungen und Beobachtungen schildern, und mich, so viel als ich kann, hüten, kein

 Lob-

Lobredner eines Standes zu werden, wovon ich selbst ein Mitglied bin.

Unterdessen übernehme ich nicht die Vertheidigung des ganzen Standes der Professoren, sondern nur desjenigen Theils, der auf solchen Universitäten lehrt, wo man in allem Ernst Professor seyn kann, wo man entweder in öffentlichen oder grossen Privatbibliotheken und Anstalten alle diejenigen Hülfsmittel findet, ohne die man nothwendig unter dem Mittelmäßigen stehen bleibt; wo ferner Männer von Verdiensten so belohnt werden, daß sie nicht nöthig haben, zur kärglichen Erwerbung des täglichen Brods, entweder in dem mündlichen Vortrage von mancherley Wissenschaften, die sie selbst nicht verstehen, oder in schriftstellerischen Arbeiten, die blos dem Beutel vortheilhaft sind, ihre besten Kräfte und Stunden zu verschwenden.

Keine andere Lebensart scheint beym ersten Anblick gebundener und sclavischer zu seyn, als die eines Professors, der, so bald sich das halbjährige Drama seiner Vorlesungen einmal eröffnet hat, gezwungen ist, alle Tage einigemal seine Rolle zu spielen, er mag

Lust,

Lust, Muth und Anlage haben oder nicht. Diese zwingende Nothwendigkeit, gerade zu gewissen Zeiten zu arbeiten, und die daraus entstehende unaufschiebliche Bestimmtheit der Geschäffte schien mir ehemals der größte Vorwurf zu seyn, der dem akademischen Leben nur gemacht werden könnte, und ist gewiß für manchen guten Kopf ein Bewegungsgrund gewesen, sich einem Stande zu entziehen, der ihm seine Freyheit mehr als irgend ein anderer einzuschränken schien.

Allein dieser Zwang, zu gewissen bestimmten Zeiten bestimmte Arbeiten zu verrichten, ist bey weitem so schrecklich und drückend nicht, als man sich gemeiniglich vorstellt. Auch diejenigen, die dieß nicht an sich erfahren hatten, konnten es aus andern Erfahrungen oder Beobachtungen schliessen. Wir essen, trinken und schlafen zu gewissen Zeiten, und Appetit und Schläfrigkeit bleiben alsdann, wenn der Körper gesund ist, selten aus. Wir merken hier nicht den geringsten Zwang mehr, den ein jeder Wilder gewiß wahrnehmen und unleidlich finden würde. Eben so dürfen wir uns nur eine Zeitlang daran gewöhnen, gewisse Geistesarbeiten zu gewissen

Stunden zu verrichten. und Lust und Kräfte zum arbeiten werden sich gewiß zu der Zeit, wenn wir sie brauchen, einstellen. Kleine Indispositionen und Unpäßlichkeiten, die uns zum Durchdenken einer ganz neuen Materie, zur Lectüre und Beurtheilung einer sehr schweren Schrift untüchtig machen, nehmen selten den Muth und die Fähigkeit zum mündlichen Vortrage wissenschaftlicher Kenntnisse, weil man das, was man vorzutragen hat, schon oft durchgedacht, und eben deswegen nicht nöthig hat, neue Gedanken zu suchen, zu ordnen und zu bezeichnen. Unter allen Arbeiten eines Gelehrten findet sich keine, in welcher die Ungleichheit der Laune, und der Disposition des Geistes so wenig merklich wäre, als eben in seinen Vorlesungen; und man kann daher nicht schließen, daß einer, der zu einer gewissen Zeit schlecht schreiben würde, auch elend lesen müsse. Man behält immer, so lange eine ernstliche Krankheit einen nicht ganz niedergeworfen hat, Kräfte genug zu einer stundenlangen Declamation übrig: und es trifft nicht selten, daß man bey einer kleinen Unpäßlichkeit, und wenn man zu allen übrigen Geistesarbeiten ungeschickt ist, besser liest,

liest, als bey unverletzter Gesundheit, weil man alsdenn alle seine Kräfte zusammen nimmt, und sich viel länger und sorgfältiger vorbereitet, als man nöthig hat, wenn man sich mehr auf sich selbst verlassen darf.

Man liest also zu gewissen Zeiten, wie man zu gewissen Zeiten ißt, trinkt und schläft, ohne sich irgend eines beschwerlichen Zwanges bewußt zu werden. Ja diese Nothwendigkeit zu arbeiten, wird auf die Länge wahres Bedürfniß, dessen Nichtbefriedigung peinlich ist. Es hat Professoren gegeben, und giebt noch jetzt welche, die ihre Vorlesungen bis in die Ferien hinein gezogen, oder nach dem Beschluß der Alten gleich Neue angefangen haben, weil sie sonst nicht gut verdauen, oder sich der Langenweile während des ganzen leeren Tages nicht erwähren könnten. Eben so wird man finden, daß die meisten Professoren, denen das Lesen nicht so nothwendig geworden ist, sich gegen das Ende der Ferien eben so sehr nach dem Anfange der neuen Collegien sehnen, als sie gegen den Schluß der Vorlesungen den Anfang der Ferien mit Ungeduld erwarteten.

Freylich bleiben in einem jeden halben Jahre mehrere Stunden übrig, in denen man lieber nicht lesen als lesen, lieber seine gewöhnlichen Geschäffte aussetzen als verrichten möchte; allein wo giebt es wohl irgend einen Stand oder eine Bedienung, in welcher man nicht oft wider Willen und ohne Lust arbeiten, oder wenn man arbeiten wollte, müßig seyn, oder was noch schlimmer ist, wider Willen sich amusiren lassen müßte? Richter, Aerzte, Prediger und Anwälde müssen gewiß eben so oft, als Professoren wider ihren Willen arbeiten, und gewiß noch viel öfterer wider ihren Willen sich in den glücklichen Stunden der Arbeit unterbrechen lassen, als diese nöthig haben. In den höhern Ständen ist die Pflicht zu faullenzen, und an ekelhaften lärmenden Zerstreuungen Theil zu nehmen, viel beschwerlicher, als die Nothwendigkeit zu arbeiten, die den niedern Klassen der Menschen obliegt.

Der Zwang zu arbeiten also, der mit der Lebensart eines Professors verbunden ist, ist nicht so fürchterlich, als man glaubt, wird sehr bald unmerklich, und bey vielen so gar zum unentbehrlichen Bedürfniß, ist aber selbst alsdann, wenn er fühlbar wird, nicht grösser

und unangenehmer, als er in allen arbeitenden Ständen nothwendig seyn muß.

Das akademische Leben muß nothwendig (klagt man) ein freudenloses Leben seyn, weil ein jeder Professor durch Arbeiten, die sich weder aufschieben noch von andern verrichten lassen, an den kleinen Erdfleck, den er einmal eingenommen hat, wie ein Leibeigener gefesselt ist. Die einzige Abwechselung, deren er genießen kann, ist die Bewegung aus seiner Studierstube, deren Luft fast alle Schnellkraft verlohren hat, in den noch ungesundern Hörsaal, um, nachdem er sich mit dem verjährten Staube alter Bücher gesättiget hat, sich an den ekelhaften Ausdünstungen seiner Zuhörer zu weiden. Während daß der Geist allein wirksam ist, werden Sinne und Herz stumpf, verlieren alle Empfindlichkeit gegen die Schönheiten der Natur und Kunst, und gegen die Freuden des geselligen Umgangs. Nirgends findet man daher weniger Freunde und Geselligkeit, als eben unter den Professoren, und am wenigsten auf solchen Universitäten, wo der meiste Fleiß, die größte Arbeitsamkeit herrscht. Sie werden zuletzt durch ihre eigne Schuld verstümmelte Menschen, in denen viele Sin-

ne

ne und Anlagen des Herzens ganz ungenutzt liegen bleiben, die für weiter nichts als fürs Arbeiten Geschmack übrig behalten, und nirgends an ihrem rechten Platze als blos in der Studierstube sind, wo sie Buch und Feder in die Hände nehmen können. Sie arten endlich in isolirte Wesen aus, die gegen alle Zerstreuungen nicht blos gleichgültig sind, sondern sie sogar fliehen, und sie dann nicht einmal, wann sie sich ihnen Wohlstands halber leihen müssen, nutzen, weil sie sich immer nach Hause sehnen, und den Verlust von Zeit berechnen, den diese gezwungenen, oder sich ihnen aufdringenden Zerstreuungen nach sich ziehen.

Ich läugne nicht, daß es viele einzelne Professoren gegeben habe und noch gebe, denen man diese ganze Reihe von Vorwürfen mit Recht würde gemacht haben und machen könnte; allein ich läugne es schlechterdings, und zwar mit der Kühnheit, die eigene sichere Erfahrungen geben, daß sie nur auf den größten Theil von Professoren, viel weniger auf alle anwendbar seyn.

Man kann alle Professoren, deren einzige Zerstreuung in der Abwechselung von Arheiten besteht, die sich alle übrige Vergnügungen entsagen, allem Umgange entziehen, um desto ruhiger und ungestörter arbeiten zu können, in zwo Klassen theilen: erstlich in solche, die ihren Geschäfften alles aufopfern, um für sich und ihre Familie nur das Nothwendige zu erwerben; und zweytens in solche, die ohne eigennützige Absichten und Bewegungsgründe entweder aus enthusiastischer Liebhaberey für gewisse Wissenschaften, oder auch aus aufrichtiger nur grossen Seelen eigener Sorge für das gemeine Beste sich ganz allein ihren Arbeiten widmen. Jene Erstern sind wahrhaftig mehr zu bedauern, als manche Taglöhner, weil sie nicht nur ums Brod arbeiten, wie diese, sondern meistens solche Arbeiten vornehmen, die sie nicht verstehen, nicht lieben, und niemals gewählt haben würden, wann sie ihnen nicht von eigensinnigen Zuhörern oder Verlegern wären aufgedrungen worden. Die Letztern hingegen sind bey weitem nicht so zu bedauern, als die Erstern, wenn sie auch gleich eben so stark arbeiten, und eben so wenig Zerstreuungen haben, weil die einen durch das ausserordentliche Vergnügen, was ihre Studien ihnen geben, für die aufgeopferten Freuden belohnt; die andern durch den Seelen erhebenden Gedanken getröstet werden, daß sie dem Staate mehr und unmittelbarer nutzen, als andere, und daß ohne sie viel Gutes ungethan und ungestiftet bleiben würde, wofür ihnen aus den Herzen aller Rechtschaffnen, wie von heiligen Dankaltären, Empfindungen der Ehrfurcht entgegen lodern.

Allein die wenigsten Professoren fallen in eine von diesen Klassen. Der größte Theil kann, wenn er will, unbeschadet der gewissenhaften Ausrichtung seiner Amtsgeschäffte, und unbeschadet der schriftstellerischen Arbeiten, die ein jeder zur Ausbreitung seines Ruhms, und der mit dieser verbundenen Ehre seiner Akademie zu übernehmen verbunden ist, sich immer noch an einem jeden Tage mehrere Stunden allein zur Erholung, zum Genuß häußlicher und geselliger Freuden, oder zur stärkenden Empfindung der Schönheiten der ungekünstelten Natur ersparen: und wenn die meisten auch diese Pflicht sich zu vergnügen, vernachläßigen; so liegt die Schuld nicht an ihrem Stande, oder in der von ihnen gewählten Lebensart, sondern in der,

nicht

nicht ihnen allein eigenthümlichen Unerfahrenheit in der grossen Kunst zu leben, die nach den Aussprüchen der grossen Alten darin besteht: die Ausübung des meisten Guten, und der andern nützlichen Handlungen mit der grössten Summe persönlicher Glückseligkeit zu vereinigen zu wissen.

Freylich müssen auch diejenigen Professoren, die eine gewisse Zeit aussetzen, wo sie aller ihrer Arbeiten vergessen, um allein sich und ihrem Vergnügen zu leben, auch diese müssen sich fast alle diejenigen Vergnügungen versagen, die in der grossen Welt ausschliessender Weise Vergnügungen genannt werden. Ihre Geschäffte erlauben es ihnen durchaus nicht, sich oft solchen Zerstreuungen zu überlassen, die langwierige nnd kostbare Vorbereitungen, und einen grossen Aufwand von Zeit erfordern. Allein diesen Verlust haben sie auch gar keine Ursach zu bedauren. Denn eben diese Vergnügungen, die man in der engsten Bedeutung so nennt, die allein zur Verjagung einer tödtlichen Langenweile von Personen, die selbst Langeweile hatten, sind erfunden worden, die ferner eben deswegen, weil sie rauschend und kostbar sind, am meisten

sten Vergnügungen scheinen, diese gewähren am wenigsten wahre Freuden, erregen entweder durch ihre Einförmigkeit, oder durch den öftern Genuß, oder, endlich durch ihre zu große Lebhaftigkeit bald Ekel und Ueberdruß, und tragen zur Summe menschlicher Glückseligkeit lange so viel nicht bey, als die stillen, unbemerkten und selbst ernsthaften Freuden, die der gütige Vater der Menschen den ächten Schülern und Liebhabern der einfältigen Natur vorbehalten hat. Wenn es aber auch nicht wahr wäre, daß die Zerstreuungen, denen man die Maske des Vergnügens am meisten vorhängt, am wenigsten Vergnügungen wären, und daß die Menschen, die an ihnen Theil nehmen, und die glücklichsten zu seyn scheinen, am wenigsten glücklich sind, so wird es doch immer wahr bleiben, was ich in der Folge beweisen werde, daß akademische Lehrer für alle die kostbaren Vergnügungen, die sie entbehren müssen, eine mehr als hinlängliche Schadloshaltung in ihren Arbeiten finden. Eben so wenig verlieren Professoren dadurch, daß sie die Schönheiten der Natur und Kunst, des Umgangs ihrer Freunde und Freundinnen, der Gesellschaft ihrer Gattinnen

und

und Kinder nicht stets und unaufhörlich genießen können. Sie haben am Ende eine gleich reiche Erndte von Freuden mit den Personen, die durch gar keine dringende Arbeit abgehalten werden; stets um die Gegenstände ihrer Wünsche und Zärtlichkeit zu seyn; nur genießen sie dieselbigen Freuden inniger, lebhafter, und in einen kleinern Zeitraum concentrirt, nicht getrennt durch Stunden von Langeweile und Herzensleere, wodurch die Vergnügungen müßiger Personen unterbrochen, und von einander getheilt werden. Menschen, die keine wahre Anstrengung und Arbeit, und also auch keine wahre Erholung und Zerstreuung kennen, deren Hauptgeschäfft Vergnügen ist, diese wissen nicht, mit welcher Frölichkeit man nach einer glücklich vollendeten Arbeit alle geistige Geräthschaften und Materialien aufräumt; und was für eine süße Mischung von Freuden es ist, wenn man nebst dem tröstenden Gedanken, den Tag nicht umsonst gelebt zu haben, der angenehmen Empfindung der wiederkehrenden und sich ergänzenden Kräfte, an der Seite eines lehrreichen Seelenfreundes genießt. Ihnen ist es unbekannt, mit welcher sehnsuchtsvollen Ungeduld man aus den Schranken der Stadt in den Schoos der unermeßlichen Natur hinaus eilt, mit wie geschärften Sinnen man alle ihre Schönheiten und Reize auffängt, und wie die angenehmen Impreßionen der Sinnen sich mit den feyerlichsten Gedanken vereinigen, um ein von Freude und Dankbarkeit gerührtes Herz dem Herrn der Natur zum gefälligen Opfer zu bringen. — Ich breche hier ab, um nicht zu individuell zu werden: nur setze ich noch dieses hinzu, daß man nicht schließen müsse: Güter würden gar nicht genossen, weil sie seltner genossen werden, indem man an der Lebhaftigkeit und Intension des Vergnügens eben so viel gewinnen kann, als man an der Länge seiner Dauer einbüßt.

Es sind unter den Professoren immer noch sehr viele, die weder durch dringende Bedürfnisse, noch durch einen gewaltigen Enthusiasmus für gewisse Wissenschaften, noch endlich durch eine gar zu große Menge freywillig übernommener gemeinnütziger Arbeiten abgehalten werden, sich Erholung und Zerstreuungen zu verschaffen, bey denen aber doch allmälig die Gewohnheit, ruhig an ihrem

Pulte zu arbeiten, so stark und mechanisch wird, daß sie Lust und Gelegenheit zu einer jeden Aufmunterung verlieren. Bey diesen Gelehrten wird die zur Gewohnheit gewordene Arbeitsamkeit der Grund einer ihnen sehr nachtheiligen Trägheit und Bequemlichkeit, vermöge deren sie lieber zu Hause ein unangenehmes, oder doch nicht sehr anstrengendes Geschäffte übernehmen, als durch die kleine Mühe des Ankleidens oder eines Spatziergangs die Freuden des Umgangs, oder der schönen Natur zu nutzen suchen. — So wie man oft gewünscht hat, den unglücklichen Feinden und Abtrünnigen der Tugend ihre Schönheit und Freuden empfinden machen zu können, um sie dadurch wieder mit ihr auszusöhnen; so wünschte ich in diesem Augenblicke die Stimme der Syrenen zu haben, um meine zur Arbeit gewöhnte und zum Vergnügen träge Mitbrüder von den großen ihnen unbekannten Vortheilen der Zerstreunung überzeugen zu können. Ich erstaune allemal, wenn ich daran denke, wie Männer von den größten Talenten es nicht wahrnehmen, daß eine gewisse Verschwendung der Zeit die größte Sparsamkeit sey, daß beständig anhaltende Arbeiten, besonders wenn sie nicht sehr abwechselnd sind, Schwäche des Körpers und Erschlaffung der Organen des Denkens nach sich ziehen; daß kurze Zerstreuungen hingegen dem Körper Stärke, dem Geist Munterkeit, und seinen Werken das Feuer mittheilen, was die Arbeiten eines von Kräften überfliessenden Genies von den Arbeiten einer eben so großen, aber erschlafften Seele unterscheiden; daß ferner auf mäßige Bewegungen des Körpers, und angenehme Zerstreuungen der Seele die glücklichsten Stunden der Arbeit zu folgen pflegen, in deren einen man gemeiniglich mehr, als sonst in ganzen Tagen der Erschöpfung ausrichtet; daß man endlich die Stunden, die man in Vergnügungen verlieret, in ganzen Tagen der Gesundheit wieder gewinnt, und nicht nöthig hat, mehrere Wochen in Zuständen von Kränklichkeit und kleiner Unpäßlichkeiten hinzuschmachten.

Wenn man daher durch eine geschickte Eintheilung der Arbeits- und Erholungsstunden an der Güte und Menge von Arbeiten nichts verliert, sondern wirklich gewinnt, so kann man auch nicht schließen, daß mit dem Fleiße der akademischen Gelehrten ihre Abgeneigtheit

neigtheit zum geselligen Vergnügen, und zu freundschaftlichen Verbindungen in gleichem Verhältnisse wachse. Der Vorwurf von Ungeselligkeit wird fleißigen Akademien vorzüglich von Fremden und solchen Personen gemacht, die sich auf ihnen zuerst niederlassen: jene treffen bey den Professoren nicht die schmeichelnde geschäfftige Dienstfertigkeit an, womit man sie in größern Städten, wo Fremde mehr geschätzt werden, zu empfangen pflegt; und die Letztern vermissen die entgegenkommenden freundschaftlichen Gesinnungen, womit sie gleich in die genauern Familienverbindungen aufgenommen zu werden wünschen: beyde schließen daher aus ihnen untrüglich scheinenden Erfahrungen, daß man auf Akademien ungesellig sey, und zwar aus übertriebenem Fleiß ungesellig sey. Allein das Betragen, was beyde Arten von Personen erfahren, kann ohne den Vorwurf der Ungeselligkeit statt haben, und erklärt werden. Akademische Gelehrte finden nämlich die Freuden des geselligen Lebens nicht in einer großen Anzahl von Bekannten, sondern in der Verbindung mit wenigen Freunden, nicht in rauschenden Assambleen oder häufig be-

 such-

suchten öffentlichen Oertern, sondern in geschlossenen Gesellschaften, und in dem innersten ihrer Familien. Ihnen fehlen daher die Geschwätzigkeit und die Höflichkeitsformeln, womit man in größern Städten, wo man viele Bekannte und wenig Freunde hat, einem jeden, der nur amusiren kann, zu schmeicheln sucht; sie sind nur gewohnt, sich ihren Freunden zu offenbaren, und in deren Gesellschaft ihre Herzen auszugießen; und werden daher, ohne daß sie es wissen, gegen diejenigen kalt und zurückhaltend, die sie weder geprüft noch schätzen gelernt haben. Ueberdem wissen Fremde selten die Zeit, wo ein Professor durch Besuche am wenigsten gestört wird, und treffen daher oft Stunden, wo er in dringenden Arbeiten begriffen ist, und die Zeichen der Aengstlichkeit nicht verbergen kann, die die unzeitige Unterbrechung seiner Geschäffte ihm verursacht. Wenn aber solche Fremde nicht blos durchreisen, sondern sich so lange aufhalten, bis sie gewissermaßen einheimisch, und mit mehrern Gelehrten genauer bekannt werden, so fangen sie bald an, sich zu überzeugen, daß eben die Männer, die ihnen bey ihren ersten Besuchen so frostig und ungesellig

schie-

schienen, in dem kleinen vertraulichen Kreise ihrer Freunde eben so offenherzig und warm, als gegen die wahren gesellschaftlichen Freuden empfindlich sind.

Eben so natürlich ist es, daß Personen und Familien, die sich zuerst auf Universitäten niederlassen, über Mangel von Geselligkeit und freundschaftlichen Gesinnungen klagen, ohne daß diese Klagen und die daraus herfließenden Vorwürfe gegründet wären. Eine jedwede Person und Familie, die solche Ankömmlinge antreffen, hat schon so viele Freunde und Umgang als sie braucht und wünscht; und bekümmert sich also selbst um solche Personen nicht, die sie ihrer Freundschaft würdig hält, vielweniger also um solche, die sie noch gar nicht, oder nicht genau genug kennt. Es können also Monate und Jahre verstreichen, bevor neuangekommene Familien und Personen in die vor ihrer Zeit gebildeten Gesellschaften inkorporirt werden, und auch alsdann werden sie zu ihnen mit allen erforderlichen guten Eigenschaften keinen Zutritt erhalten, wann sie nicht mehr Schritte thun, um hinein zu kommen, als diejenigen, deren Freundschaft sie suchen, ihnen entgegen

gen machen werden. Das kann man aber, meinem Urtheile nach, nicht Mangel von Geselligkeit nennen, wann diejenigen, die schon gute Freunde und Gesellschaft genug haben, sich weniger Mühe geben, neue zu erhalten, als diejenigen anwenden müssen, die sich zuerst welche erwerben wollen.

Die akademische Lebensart (sagt man ferner,) muß nothwendig das glücklichste Genie allmälig zu einem eingeschränkten Kopfe, und zum Pedanten machen. Die meisten Professoren durchlaufen zweymal, die wenigsten nur einmal im Jahre denselbigen Kreis von Kenntnissen, und singen ihre Lehren in derselbigen Ordnung, oft in denselbigen Worten, und durch dieselbigen Einfälle verschönert ihren Zuhörern ab. Es kann nicht fehlen, daß ihnen durch diese öftere Wiederholungen, alles was sie wissen, nicht so geläufig werden sollte, als wenn sie es auswendig gelernt hätten, und wenn es erst einmal so weit gekommen ist, so muß es schon sehr schwer werden, in die Reihe der so oft vorgetragenen Meynungen neue Sätze einzuschieben, und fast unmöglich, in den Meynungen selbst etwas zu ändern.

Sätze, die man zehn oder mehrere Jahre als Wahrheiten vorgetragen hat, setzen sich im Gehirne so fest, und geben den Fibern eine so unveränderliche Disposition, daß es selbst aus physischen Ursachen unmöglich wird, an ihrer Wahrheit zu zweifeln, oder sie als Irrthümer wegzuwerfen. Auch Männer also, die ehemals selbst dachten, und die die Meynungen ihrer Vorgänger nicht blos annahmen, sondern auch prüften, die diese mit ihren eigenen Gedanken durchflochten, und beyde in eine ihnen eigenthümliche Ordnung brachten, auch diese müssen nach einem Zeitraum von mehrern Jahren aufhören, Selbstdenker zu seyn, und blos geistige Maschinen werden, die in der Folge auf dieselbige Art spielen, und sich bewegen, als sie sich ehemals selbst eingerichtet haben. Die Erfahrung lehrt auch, daß eben die Professoren, die anfangs die schnellsten und bewundernswürdigsten Fortgänge in ihren Wissenschaften machten, bald stille zu stehen anfangen, und daß die Vorlesungen ihres sinkenden Alters weiter nichts als Wiederholungen des Vortrags ihrer jugendlichen und männlichen Jahre sind. Mit der öftern Wiederholung derselbigen Meynungen nimmt die Ueberzeugung von ihrer Wahrheit, der Wahn von Untrüglichkeit, dogmatischer Stolz und entscheidende Zuversicht zu; und diese machen die erste Grundlage der ekelhaften Pedanterey aus, von der die wenigsten alten, oder dem Alter sich nähernden Professoren frey sind. Es ist nämlich sehr natürlich, daß Wissenschaften, mit denen sie sich ihr ganzes Leben durch beschäfftiget haben, ihnen zuletzt die wichtigsten unter allen, die erfunden worden sind, zu seyn scheinen, und daß sie sich ferner die größten Männer in ihren Fächern zu seyn zu dünken, da sie allen ihren Vorarbeitern auf den Schultern stehen, und von der Höhe ihres Zeitalters in die Tiefe der vorhergehenden hinabsehen. Aus beyderley Dünkel entsteht zuletzt eine Verachtung oder Verkennnng des Werths der übrigen Wissenschaften und der Verdienste ihrer Lehrer: eine unaufhörliche Ergießung der ihrem Gehirne so tief eingeprägten, so gegenwärtigen und so wichtigen Kenntnisse, deren Mittheilung durch den Docirton noch unleidlicher wird, endlich eine beleidigende Gleichgültigkeit gegen alles andere, was nicht mit ihren Lieblings-Kenntnissen Verwandtschaft oder

Aehn-

Aehnlichkeit hat. Professoren müssen daher mit der Zeit Pedanten werden, unter welchen man in der engsten Bedeutung solche Gelehrte versteht, die sich und ihre Wissenschaft übermäßig schätzen, und andere Wissenschaften und deren Bekenner entweder verachten, oder weniger, als sie es verdienen, schätzen, die, ohne ihre Eitelkeit im Zaume zu halten, und anderer ihrer zu schonen, nur allein oder gerne von ihren Kenntnissen und Verdiensten reden, und stumm oder frostig werden, so bald sie von andern Personen und Wissenschaften reden oder hören sollen.

Wenn alle die angeführten nachtheiligen Folgen mit der akademischen Lebensart unausbleiblich verbunden wären; so würde man freylich gegründete Ursachen haben, sich vor ihr zu fürchten, und über einen jeden, der sie freywillig wählte, sich lustig zu machen. Allein auch hier eignet man Fehler und Schwachheiten, die man in einzelnen Individuis bemerkt hatte, aller Erfahrung zuwider, dem ganzen Stande zu.

Ich gebe zu, daß man auch in unsern Tagen, und selbst auf den berühmtesten Akademien nicht weit suchen dürfte, um solche Pro-

Professoren zu finden, die sich allmählig in geistige Automata verwandelt haben, die seit vielen Jahren nichts an den Wissenschaften, die sie vorzutragen pflegen, verändert und gebessert haben, die noch jetzo wie vor zehn Jahren, ihre Collegia in derselbigen Anzahl von Stunden, und in jeder Stunde dieselbigen Untersuchungen vollenden, die ihre Vorlesungen wie ein Vater Unser auswendig wissen, und ein jedes Pensum daraus ohne Vorbereitung, und doch ohne Anstoß abbeten können, wenn sie nur den Anfang wissen; ich gebe ferner zu, daß solche Männer schwerlich anders als entscheidend stolz auf sich und ihre Wissenschaften, und gleichgültig gegen andere Kenntnisse seyn können; allein ich läugne, daß der größere Theil der Professoren so beschaffen sey, und wegen ihrer Amtsarbeiten, so seyn müsse. Nur diejenigen Professoren sind am meisten in Gefahr, in maschinenmäßige Arbeiten, und alle daraus abstammende Fehler zu fallen, die solche Wissenschaften vortragen, deren Erlernung theils wegen der Menge von Kenntnissen, die sie enthalten, theils wegen der schlechten Sprache, und Unordnung, womit sie gelehrt werden, sehr schwer wird, die aber, wenn

wenn sie einmal erlernt sind, ihrer Natur nach keine wichtige Veränderung, Bereicherung und Versetzung von Begriffen und Grundsätzen erlauben. Und doch finden sich auch unter den Lehrern dieser Wissenschaften viele verehrungswürdige selbstdenkende Männer, die in dunkle Begriffe und Erklärungen Deutlichkeit und Bestimmtheit, und in das rohe Chaos durch einander geworfener Sätze, so viel Ordnung und Zusammenhang bringen, als der verjährte Brauch nur immer erlaubten will, die endlich die nicht kleine Anzahl der streitigen Punkte aus ihrer Wissenschaft durch eigenes Nachdenken, und nach eigenthümlichen Grundsätzen entscheiden. — Sehr selten hingegen, oder fast niemals wird man Lehrmaschienen unter denjenigen Professoren von Geist finden, die solche Wissenschaften lehren, die in einer beständigen Ebbe und Fluth, und also in jedem Zeitalter anders sind, die täglich durch neue Beobachtungen und Raisonnements erweitert werden, aber auch stets alte unbrauchbare Kenntnisse auswerfen, die man endlich unbeschadet ihrer Heiligkeit und Majestät bald in dieser bald in jener Ordnung vortragen kann. — Lehrer, die Wissenschaften

von

von dieser Art vortragen, finden bey einem jeden wiederholten Vortrag derselben neue Gedanken und Reflexionen, entweder eigene oder anderswo gesammlete einzuschieben, entdecken bey einem jedesmaligen Durchdenken ihrer Wissenschaft alte Fehler und neue Gedanken, und bemerken immer vorher nicht erkannte Vortheile im Ausdruck sowohl als in der Methode, und können daher aus allen diesen Gründen zusammen genommen schwerlich Wiederholer ihres ein für allemal geschlossenen Gedankensystems werden. — Maschinenmäßiges Arbeiten ist daher keine so allgemeine und nothwendige Folge des akademischen Vortrags, als man geglaubt hat; allein, wenn er für einige wenige auch mit diesem Nachtheile verbunden ist, so ersetzt er diesen durch eine Menge der wichtigsten Vortheile, von denen man kein Wörtgen gesagt hat, und die ich daher kürzlich berühren will.

Der erste große Vortheil, den Professoren durch den öftern mündlichen Vortrag derselbigen Wissenschaft gewinnen, ist Bestimmtheit der Begriffe, Deutlichkeit des Ausdrucks, Ordnung und Zusammenhang in Sätzen

Pro-

Professoren haben mehr und stärkere Bewegungsgründe, als andere Gelehrte, sich faßlich zu machen, weil sie nicht zu solchen Personen reden, die in den Wissenschaften selbst reifer sind, und also durch ihre eigene Kräfte Dunkelheit und Verwirrung der Begriffe und Sätze erhellen und verbessern könnten, sondern zu Anfängern, die zwar munter folgen, wenn man ihnen eine helle Fackel vorträgt, aber gleich stille stehen, oder sich verirren, so bald sie in dunkle Pfade geleitet werden. Dieser Gedanke von der Nothwendigkeit, alles was man sagt, deutlich und ordentlich zu sagen, wird dadurch immer lebhaft erhalten, daß man in den, zu bestimmten Begriffen und Sätzen einmal gewohnten Zuhörern die sichtbarsten Spuren von Aengstlichkeit, Verdruß oder vergebener Anstrengung wahrnimmt, wenn man zufälliger Weise im Vortrage nicht so einleuchtend und zusammenhängend ist, als man sonst zu seyn pflegte. Verdrießliche Verziehungen der Gesichtsmuskeln, gewisse Bewegungen des Kopfes, das Stocken im Nachschreiben, u. s. w. erinnern den Professor allemal daran, daß seine Zuhörer ihn nicht verstehen, ihm nicht folgen können, und

daß

daß er also bey einem abermaligen Vortrage derselbigen Untersuchungen sich einer größern Deutlichkeit zu befleißigen habe. Andre Gelehrte, die blos schreiben, haben diesen Probierstein der Deutlichkeit oder Dunkelheit ihres Vortrags nicht, und nehmen die Wirkungen desselben auf ihre Leser nicht so augenscheinlich wahr, als Professoren, die ihre Zuhörer in kleineren Entfernungen vor sich haben. Sie hören das stille Murren ihrer Leser, sehen ihre Angstgebehrden nicht; und wissen also auch eben so wenig, wo sie deutlich, oder unverständlich waren; und inskünftige für ihre Leser besser zu sorgen haben.

Diese Bemühung faßlich zu seyn, ziehet freylich, wiewohl nicht allemal, ermüdende Weitschweifigkeit und nachläßige Geschwätzigkeit selbst in Schriften nach sich. Allein, wenn Professoren auch niemals Zuhörer und Leser unterschieden, und für die Letztern ohngefähr so schrieben, wie sie zu den erstern reden, so ist es, wenn man unter zweyen Uebeln doch eins wählen soll, immer besser, wenn man mit einem kleinern Grad von Anstrengung, und einem größern Aufwand von Zeit, das, was man liest, versteht, als wenn man

man mit einem fast gleichen Zeitverlust, und einer noch grössern Anstrengung gar nicht weiß, was man gelesen hat.

Der zweyte große Vortheil des mündlichen Vortrags ist das glückliche Treffen vieler neuer Gedanken und Bemerkungen, auf die man während des Vortrags stößt, und die man ohne diesen niemals würde gemacht haben. Eine jede Vorlesung ist eine wiederholte Meditation, die sich von der Meditation, wodurch man sich vorbereitet, durch die grössere Lebhaftigkeit ausserordentlich unterscheidet. Durch das Reden selbst kommen Muskeln, Blut, Lebensgeister und Gehirn in stärkere Wallungen und Bewegungen, alle Begriffe und Bilder gewinnen einen ungewöhnlichen Grad von Klarheit, und in diesem Zustande von Enthusiasmus veranstalten sich ungesucht viele glückliche Ideen-Verbindungen, die man in den Stunden des stillen Nachdenkens nie gemacht hätte, eben deswegen, weil zu ihnen eine Wärme oder Anstrengung erfordert wurde, zu der man sich in gewöhnlichen Meditationen selten oder niemals erhebt. Man redet daher, wenn man gut disponirt ist, eben so gut und oft noch besser, als man schreibt, und trägt besonders schwere Materien deutlicher und vollständiger vor, als man sie vorher und nachher schriftlich aufzusetzen, im Stande seyn würde.

Der dritte große Vortheil von dem wiederholten mündlichen Vortrage der Wissenschaften ist dieser, daß man öfter Gelegenheit erhält, dieselbigen Materien von neuem durchzudenken, und mehr Herr über seine Kenntnisse wird, als man sonst gewesen wäre. Eine Reihe von Untersuchungen, die man oft vorgetragen und durchgedacht hat, drückt sich dem Gedächtnisse tiefer ein, erhält sich länger, und wacht bey leichtern Veranlassungen wieder auf, als andere, auf die man nicht so viele Aufmerksamkeit gewandt hat. Ganze Wissenschaften stehen dem, der sie mehrmalen vorgetragen hat, zu Gebote, und man mag für einen Theil, welchen man will, zurückrufen wollen, so kehren die Begriffe in ihrer ursprünglichen Bestimmtheit und Vollständigkeit, Sätze mit allen ihren Gründen und Beweisen zurück: und wenn man alsdenn über einen neuen Gegenstand nachdenken will, so hat man nicht nöthig, erst mühsam alte Begriffe und Sätze zusammen zu suchen und aufzuklären, sondern stets bereit liegende Schätze heller bestimmter Ideen kommen ungerufen, oder auf den ersten Wink zu neuen Associationen herbey. Dem mündlichen Vortrage hat man's zu danken, daß man das, was man weiß, besser weiß, daß man es öfter und vortheilhafter braucht, daß man viel schärfer und leichter nachdenkt, als sonst möglich gewesen wäre. Das Nachdenken selbst wird dadurch, daß man täglich mehrere Stunden meditiren muß, mehr zur Gewohnheit, und weniger beschwerlich: greift also die Nerven bey weitem so stark nicht an, als in den ersten Jahren des Selbstdenkens, wo man einen zu kleinen Vorrath von Begriffen, und noch dazu unbestimmten und unvollständigen Begriffen hatte.

Unter keinem andern Stande (wirft man uns endlich viertens vor.) herrschen so viele und so gehäßige Leidenschaften, und äussern sich nirgends auf eine so unanständige, selbst gleichgültigen Personen beleidigende Art, als auf Akademien. Die nagenden und niedrigsten unter allen Leidenschaften, Brod- und Ruhmneid, scheinen vorzüglich in den Herzen aka-

akademischer Lehrer ihre Sitze aufgeschlagen zu haben, versäuren ihre Charaktere, geben ihren Seelen eine gewisse ungesellige Wildheit, die zuletzt in Gewohnheit ausartet, und setzen ganze Facultäten, einzelne Professoren, und deren Zuhörer in einen niemals aufhörenden Krieg aller wider alle. Wo trifft man anders so viele boshafte Anspielungen, so viele feine Sticheleyen, selbst so grobe, und allen Wohlstand beleidigende Ausfälle unter angesehenen, und durch Collegialische Bande vereinigten Männern an? wo vergißt man sonst so oft das, was man sich, dem gemeinen Wesen, dem man dient, selbst seinen Familien, und dem ganzen Publiko schuldig ist, als auf Akademien? Wo anders ist man so unsinnig, sich selbst lächerlich und verhaßt zu machen, blos um andern gleichfalls Haß und Verachtung zuzuziehen? Der Grund dieser Feindseligkeiten und deren Ausbrüche, die mit der Aufklärung unsers Zeitalters, und der Würde des Standes, der der ausgebildeste am Geist und Herz seyn sollte, einen so unangenehmen Absatz macht, liegt wahrscheinlich theils in ihrer Art zu arbeiten, theils in den Verhältnissen, in welchen sie gegen einander stehen.

Der

Der größte Theil von Professoren ist mit solchen Untersuchungen beschäfftigt, die nicht das geringste zur Bildung und Ausbesserung des Charakters beytragen. Sie sind zu sehr mit Dingen ausser ihnen beschäfftigt, als daß sie auf sich selbst ihre eigene Fehler, und die Mittel, sie abzulegen, Acht geben und denken sollten. Während daß sie ihr Gehirn mit den seltensten und mannichfaltigsten Kenntnissen ausfüllen, bleibt ihr Herz und Charakter roh und ungebildet. — Wenn aber auch die Wissenschaften gewisser Professoren von der Beschaffenheit sind, daß sie allem Augenscheine nach nicht blos erleuchten, sondern auch bessern müßten; so bleiben sie doch gewöhnlich todte und unfruchtbare Kenntnisse, weil man sie nicht in der Absicht erwirbt, um nach ihnen zu leben und zu handeln, sondern sie durch mündlichen oder schriftlichen Vortrag, gegen Ruhm und baares Geld umzusetzen. Man ist so unbeschreiblich gierig nach neuen Kenntnissen, daß man gar keine Zeit übrig behält, die besten der alten der Seele recht tief einzuprägen, sie anfangs in Lebensregeln, deren man sich bey einer jeden Handlung noch bewußt ist, und zuletzt in wirkliche

 Ge-

Gewohnheiten zu verwandeln. Professoren reden und schreiben daher wie Engel, und handeln wie die Kinder, oder der ungezogenste Pöbel. — Bey einer solchen Vernachlässigung des Charakters ist es kein Wunder, wenn die häufigen Veranlassungen zu Feindseligkeiten, die aus ihrer Lage selbst entspringen, in wirkliche Thätlichkeiten übergehen. Die meisten Professoren stehen so, daß man sie bey der festen Besoldung auf die Einkünfte ihres auswärtigen Ruhms, und ihres akademischen Beyfalls verwiesen hat; und für gewöhnliche Seelen ist daher nichts natürlicher, als daß sie alle diejenigen, die jenen verdunkeln, und diesen vermindern könnten, als ihre Hauptfeinde ansehen. Alle. beeifern sich um ungetheilten Beyfall, und den größten Ruhm; und diejenigen, die sich über alle ihre Nebenbuhler erhoben haben, sind nicht damit zufrieden, keine andre über und neben sich zu haben, sondern drücken so gar diejenigen als gefährliche Widersacher nieder, die, unter ihren Flügeln geschützt, nur einige abfallende Brocken auffammlen möchten. Man findet daher häufig, daß Männer vom ersten Range, deren Ruhm und Beyfall auf

das

das festeste gegründet sind, solche Männchen anfeinden, von denen sie gar nichts zu befürchten hätten, und die mehr Gegenstände des Mitleidens als des Neides seyn sollten. Bey diesen letzten Vorwürfen wird mir, ich gestehe es aufrichtig, die Beantwortung und Vertheidigung schwerer, als bey andern vorhergehenden, ungeachtet auch hier sehr vieles augenscheinlich übertrieben, oder zu allgemein gemacht wird. Es war mir selbst von je her, wo nicht unerklärlich, doch wenigstens auffallend, daß Männer, die die Natur ausser sich so genau kannten und beobachteten, sich selbst so sehr verkennen und vernachläßigen konnten, daß Männer, die so richtig dachten, so schön redeten und schrieben, doch so unbesonnen, und ohne alle Grundsätze zu handeln, und blos den augenblicklichen Aufwallungen heftiger Leidenschaften zu folgen im Stande waren. Ich kann meine Amtsbrüder hier nicht anders vertheidigen, als wenn ich sage, daß Selbsterkenntniß, Ausbildung des Charakters, und Gleichförmigkeit im Leben und Handeln, die allein aus der Befolgung geprüfter Grundsätze entsteht, unter allen übrigen Gelehrten nicht häufiger, als unter ihnen ange-

 troffen

troffen werden, und daß sich auch unter akademischen Lehrern sehr viele Beyspiele vortrefflicher Männer finden, die auf die Ausbildung ihres Herzens eben so vielen und so glücklichen Fleiß, als auf die Ausbildung ihres Geistes gewandt haben. Ich selbst kenne nicht nur mehrere einzelne Professoren, die in der engsten Bedeutung Collegen sind, die also in demselbigen Fache arbeiten, und dem ungeachtet die zärtlichsten Freunde sind; sondern auch ganze Facultäten, die wie Brüder mit einander leben, und sich weder zu heimlichen, noch offenbaren Verunglimpfungen ihrer Collegen verleiten lassen.

So oft, und so viel man auch von dem unter akademischen Gelehrten herrschenden Neide, von ihren Feindschaften und Zänkereyen geredet hat; so glaube ich doch nicht, daß Neid, Feindschaften und Kriege unter ihnen häufiger, als unter andern Ständen sich finden sollten. Aerzte, Anwälde, Mitglieder grosser Collegien haben eben so viele Veranlassungen zu Erbitterungen und Verfolgungen, als Professoren, und schonen sich einander nicht mehr, als diese thun; allein ihre Feindseligkeiten bleiben doch immer nur

in

in dem kleinern Zirkel ihrer Stadt oder der Gegend, worinn sie bekannt sind, eingeschlossen. Akademische Gelehrte hingegen haben gewöhnlich einen mehr ausgebreiteten Ruf, eine größere Anzahl von Freunden oder Feinden, die sich für oder wider sie intereßiren, lassen die Thorheiten, die sie sich einander zu sagen haben, gleich drucken, und wählen also das ganze lesende Publikum zum Zuschauer oder Schiedsrichter ihrer Streitigkeiten. Akademische Gelehrte verfolgen und beneiden sich also wahrscheinlich nicht mehr, als andere Stände, nur thun sie es auf eine öffentlichere und auffallendere Art.

Ich erkenne es, wie eine grosse Vermessenheit es seyn würde, Männern unmaßgebliche Rathschläge geben zu wollen, unter denen die meisten mich an Kräften und Kenntnissen entweder übertreffen, oder doch zu übertreffen glauben, sonst würde ich sie aus Liebe zu ihnen und zu meinem Stande bitten, dann und wann in ihren sich drängenden Arbeiten Halte zu machen, und einige von den Tagen, an welchen die Gesetze sie von ihren gewöhnlichen Geschäfften frey machen, zur eigenen Erbauung und Selbstprüfung auszusetzen. An den gewöhnlichen Arbeitstagen ist man so sehr mit der Einsammlung neuer, oder der Mittheilung alter Kenntnisse beschäfftigt, daß man auf sich selbst, und seinen Fortgang im Guten wenig oder gar nicht Acht geben kann. Es scheint daher für einen jeden Gelehrten, dem es nicht gleichgültig ist, wie er lebt und handelt, nothwendig zu seyn, gewisse Zeiten zu bestimmen, an denen seine wichtigste Beschäfftigung diese ist: sich selbst zu untersuchen und kennen zu lernen, die Fehler des bisherigen Wandels auszuspüren, und endlich solche Mittel und Grundsätze zu erfinden, wodurch er im Guten bestärkt, und gegen ähnliche Fehltritte gesichert wird. Eine solche Rückkehr in uns selbst verschafft uns die süssesten Augenblicke einer ruhigen Seelenstille, die Menschen nur geniessen können: — und ein jeder Gelehrter wird sehr leicht solche Werke grosser Männer kennen lernen, wodurch er in dieser gleich nothwendigen und angenehmen Beschäfftigung mit sich selbst fort geholfen werden kann.

II. [illegible]

Nachdem ich jetzo die Vorwürfe, die man der Lebensart der Professoren macht, so gut ich

ich gekonnt, beantwortet habe; so gehe ich jetzt zu den ihr eigenthümlichen Vortheilen fort, die man fast allgemein verkannt hat.

Der erste große Vortheil des Standes akademischer Lehrer, ist dieser, daß die, welche sich ihm widmen, mehr Gutes stiften können, als sie in einer jeden andern Lage als Gelehrte gekonnt hätten, und daß sie zugleich das Gute, was sie stiften, genauer zu übersehen und zu berechnen, im Stande sind. Ich nehme es aus vielen Erfahrungen, als unläugbar und ausgemacht an, daß ein jeder Gelehrter, der mit seinem eignen Pfunde wuchert, und seine Wissenschaft mit eigenen Gedanken und Beobachtungen erweitert hat, unmöglich alle seine brauchbaren Kenntnisse allein durch Schriften der Welt mittheilen kann, entweder, weil er keine Zeit und Lust hat, sie alle aufzuschreiben, oder weil sie sich auch nicht dem ganzen Publico vortragen lassen. Ein jeder Gelehrter also, der sich allein nur durch Schriften der Welt mittheilen kann, wird gewiß eben so viele brauchbare und nützliche Kenntnisse mit ins Grab nehmen, als er bekannt gemacht hat; wie ich gewiß glaube,

daß

daß der Fall bey des Cartes, Leibnitz und Locke war. Gegen diese Vergrabung guter Kenntnisse ist die akademische Lebensart ein vortreffliches Gegenmittel. Ein jeder Professor kann nämlich vieles, was er dem ganzen Publico nicht sagen mag und kann, seinen Zuhörern, und was sich auch diesen nicht ohne Unterschied sagen läßt, seinen jüngern Freunden in vertraulichen Unterredungen mittheilen. Durch den Professorstand gewinnt man also zween Wege mehr, durch Vorlesungen und Umgang, Kenntnisse auszubreiten, die man durch Schriften allein nicht würde haben hinterlassen können.

Wenn man aber auch durch Schriften, den ganzen Vorrath eigenthümlicher Bemerkungen auf Zeitgenossen und Nachkommen fortpflanzen könnte; so würde man doch das Gute, was man bey seinen Lesern stiftet, nie so genau, als bey Zuhörern und Freunden übersehen, und des gestifteten Guten sich nicht so sehr freuen können. Bey Zuhörern und Freunden, denen man durch öffentliche Vorlesungen oder geheimere Gespräche nützlich wird, kann man es Schritt vor Schritt bemerken, wie sie sich allmählig von alten Vorurthei-

urtheilen losmachen, nahrhaftere Kenntnisse mit der grösten Wißbegierde ergreifen, und zuletzt selbst zu denken und zu beobachten anfangen. Diese Reinigung und Einweihung junger Seelen in die Geheimnisse der Wissenschaften kann für die Hierophanten nicht anders als eine reiche Quelle der köstlichsten Vergnügungen seyn, die dem bloßen Schriftsteller größtentheils fehlen, der zwar wissen kann, daß er Vergnügen und Nutzen geschafft hat, aber doch niemals die guten Wirkungen so genau und detaillirt erfährt, als akademische Lehrer.

Mit welcher Ruhe und Selbstzufriedenheit muß ein in Jahren zunehmender, aber an Kräften verlierender akademischer Lehrer dem herannahenden Ende seiner Tage und Arbeiten entgegen gehen, wenn er die wichtigsten Aemter und Lehrstühle seines Volks mit Männern besetzt sieht, die ihn vorzüglich für das Vergnügen und den Nutzen segnen, die ihre Kenntnisse ihnen und andern verschafft haben? Wenn er in den besten Werken seiner jüngern Zeitgenossen seine Gedanken, weiter verfolgt, wieder findet, wenn er endlich auch noch alsdenn, wenn seine ehemaligen Zuhörer und

Freunde

Freunde ihm schon an Ruhm und Verdiensten übertreffen, noch immer als Vater und Lehrer von ihnen verehret wird. Ich gestehe es, daß ich mir keine bessere Freuden für das höhere Alter eines Gelehrten, und keine würdigere Belohnungen für die Arbeiten seiner Jugend denken kann, als die sind, welche ich angeführt habe.

Ein anderer großer Vortheil der akademischen Lebensart, den allein nur gewisse besoldete Mitglieder einiger gelehrten Gesellschaften, und einige wenige reiche privatisirende Gelehrte im höhern Maaße genießen, ist dieser, daß die Arbeiten der Professoren selbst Vergnügungen sind. Ein jeder lehrt und treibt die Wissenschaft, für die er die meisten Talente, und die größte Lust von je her in sich fand, und beschäfftigt sich also mit Arbeiten, die er auch ohne Belohnungen von freyen Stücken gewählt haben würde. In diesen ihren Arbeiten werden Professoren nicht wie Aerzte, Richter, Anwälde, Prediger, durch andere Nebengeschäffte gestört, sie können dem Zug ihrer Genies folgen, so lange sie von ihrer Muse inspirirt werden. Man muß daher die vielen an einander hangenden Arbeiten der Professoren nicht als eine drückende Last, sondern als freywillige Uebungen ihrer Geisteskräfte ansehen, die schon größtentheils durch das Vergnügen, was sie gewähren, sich selbst belohnen. Freylich sind die Arbeiten akademischer Gelehrten meistens anstrengender, als die der übrigen Stände; allein sie sind auch in eben dem Verhältnisse, in welchem sie erschöpfen, reichhaltiger am Vergnügen, und dieß Vergnügen ist es, was den erschlaffenden Organen wiederum neue Kräfte und Elasticität giebt.

Selbst das Collegienlesen, was man gemeiniglich zu den unangenehmen Pflichtarbeiten rechnet, hat seine eigenthümliche Freuden. Wenn man nämlich bey glücklichen Dispositionen des Leibes und der Seele wichtige Untersuchungen mit warmer Theilnehmung vorträgt, und bey wißbegierigen Zuhörern wieder Theilnehmung erregt, wenn man die Gleichgültigkeit einiger allmählig bis zur Aufmerksamkeit, und die stille Aufmerksamkeit der meisten bis zu einer in der Stellung und den Muskeln des Gesichts sich zeigenden Anstrengung steigen sieht; wenn man endlich seine Zuhörer mit den sichtbarsten Zeichen dankbarer Zufriedenheit für den erhaltenen Unterricht von sich läßt; dann schmeckt man gewisse Freuden, die man einem akademischen Lehrer schwerlich ohne eigene Erfahrungen nachempfinden kann. Freylich kommen auch immer einige unglückliche Stunden, wo man bey aller der Mühe, die man sich giebt, undankbare Materien nicht interessant machen kann, oder selbst den reichsten Stoff verdirbt; allein das Misvergnügen, was in beyden Fällen entsteht, ist nicht so groß, als im entgegengesetztem Falle die Zufriedenheit war, weil man sich bewußt ist, daß man alles, was man thun konnte, gethan hat, und zugleich in seinen Zuhörern nicht Zeichen des Unwillens oder der Langenweile, sondern vielmehr des tröstenden Mitleidens entdeckt. Sie wissen und merken es nämlich, daß der Grund, warum man bisweilen weniger deutlich und interessant im Vortrage ist, als gewöhnlich, nicht in einem strafbaren Unfleiße, sondern entweder in der Unfruchtbarkeit der Materie, oder in einer unvermeidlichen Indisposition des Lehrers selbst liege.

Ein

Ein dritter grosser Vortheil des akademischen Lebens ist das Beysammenleben an demselbigen Orte mit einer so grossen Anzahl verdienstvoller Männer, die mit ihren Talenten und ihrer Gelehrsamkeit das unermeßliche Gebieth der menschlichen Kenntnisse umfassen. Unter so vielen aufgeklärten Männern müssen sich nothwendig immer mehrere finden, die des ganzen Zutrauens und der zärtlichsten Freundschaft der besten der Menschen würdig sind, und noch mehrere, die durch ihre Gelehrsamkeit und Genie einem jeden Gelehrten die wichtigsten Dienste zu leisten im Stande sind. Wenn jemand auch in der, oder den Wissenschaften, denen er sich vorzüglich gewidmet hat, keines Führers und Rathgebers mehr bedarf; so treten doch bey dem größten Genie sehr oft Fälle ein, wo es aus den Schranken derjenigen Wissenschaft, worin es wohnet, in die ihm unbekanntern Gegenden andrer Kenntnisse übergehen muß. Hier nun leistet die Lage eines Professors den grossen Vortheil, daß er zu andern gelehrten Freunden seine Zuflucht nehmen, und von ihnen die besten Quellen, die Art, sie zu gebrauchen, ohne viele vergebliche Mühe erfahren kann.

 Selbst

Selbst in vertraulichen Gesprächen tauscht man unvermerkt seine Kenntnisse gegen einander aus: und man erkennt den ganzen Werth des Umgangs und des guten Raths so vieler Gelehrten nicht eher, als bis man sie auf eine Zeitlang verliert, und in solchen Gegenden sich aufzuhalten, gezwungen ist, die an grossen Meistern in allen Arten menschlicher Kenntnisse arm sind, und Niemanden besitzen, dem man sich mittheilen, und von dem man wieder lernen könnte.

Der letzte grosse Vortheil der akademischen Lebensart ist, die erstaunliche Mannigfaltigkeit von Menschenköpfen, die man auf Universitäten kennen zu lernen Gelegenheit hat, und die dem Psychologen zu so vielen Beobachtungen Anlaß geben, als er vielleicht in keiner andern Lage gemacht haben würde. Ein jedes halbe Jahr führt einen neuen Zuschuß von Hunderten der ausgesuchtesten Jünglinge aus mehrern Völkern herbey, die alle von der Natur verschiedene Gaben und Anlagen, und von der Kunst eine verschiedene Ausbildung erhalten haben, deren Denkungsarten, Sitten, Religionen, u. s. w. verschieden oder wohl gar entgegen gesetzt sind,

und

und endlich während ihres Aufenthalts auf Universitäten keine Ursache zur Verstellung haben, zu der sie vorher gezwungen wurden, und nachher auch wieder gezwungen werden. Vielleicht giebt es Lagen und Standörter, wo man das Spiel unsrer Leidenschaften besser bemerken kann, als auf Akademien; allein schwerlich wird man welche finden, wo man die Verschiedenheit der Seelenkräfte, deren Ausbildung sowohl, als Verderbung, den Gegensatz menschlicher Meynungen und Denkarten genauer bemerken könnte, als auf Universitäten. — Wann man aber auch an Menschenkenntniß nicht so viel gewinnen könnte; so würde für den Menschenfreund allein der Anblick so vieler schöner und hoffnungsvoller Jünglinge, dergleichen man in andern Städten schwerlich so viele beysammen findet, eines der interessantesten und angenehmsten Schauspiele seyn.

Ueber die Mysterien der Alten, besonders über die Eleusinischen Geheimnisse.

I.

Die größten Schriftsteller der Griechen und Römer reden von den Mysterien der alten Völker, besonders aber von den erhabenen Geheimnissen, in die man in dem Heiligthume zu Eleusis eingeweihet wurde, mit einer so ehrfurchtsvollen Schüchternheit, — und was sie als Eingeweihte sagen, ist größtentheils so dunkel, so abgebrochen und vorsätzlich räthselhaft, daß man sich nicht wundern darf, wenn seit der Wiederherstellung der Wissenschaften viele denkende Philologen und gelehrte Weltweise, selbst durch die Dunkelheit des Gegenstandes gereizt, sich an die Untersuchung der Geheimnisse wagten, und am Ende entweder gar nichts fanden, oder auch auf entgegengesetzte Systeme hingetrieben wurden. Die Zahl der Untersuchenden ist sehr groß, und unter ihnen finden sich mehrere Männer, denen man philosophischen Geist

Geist so wenig, als tiefe Gelehrsamkeit absprechen kann; unterdessen habe ich unter allen mir bekannten neuern Geschichtschreibern der Geheimnisse keinen einzigen angetroffen, der alle in den alten zerstreute Zeugnisse sorgfältig zusammen gesucht, die wichtigen und gültigen, von den unwichtigen, und nicht geltenden abgeschieden, und endlich jene so geordnet, und genutzt hätte, daß man darin eine befriedigende Erklärung des Inhalts sowohl, als des Zwecks der Geheimnisse gefunden hätte. *)

*) Die wichtigsten Schriftsteller über die Geheimnisse, die ich gelesen habe, sind folgende: Meursius in seinen Eleusinia, die im zweyten Bande seiner 1744. zu Florenz gedruckten Werke S. 452-547. stehen. Diese Abhandlung ist von allen nachfolgenden Schriftstellern ohne Ausnahme gebraucht worden, weil sie bis jetzt die vollständigste Sammlung von Schriftstellern aus Griechen und Römern war. Allein Meursius hat doch sehr viele wichtige Zeugnisse übersehen; die die Mysterien erläutern, und, was am meisten zu verwundern ist, sehr oft in bekannten Schriftstellern stehen. Seine Compilationen sind ferner ohne

So urtheilte ich über meine Vorarbeiter in dieser Materie, ehe ich den Gedanken faßte, selbst

Kritik zusammen gehäuft, nicht geordnet, zusammen gedacht, genutzt, und in den meisten Fällen denjenigen, die sie zu Rathe ziehen wollen, unbrauchbar, weil er zwar die Schriftsteller, aus denen er Data anführt, nicht aber die Bücher, Capitel und Seiten nennt. Nach dem Meursius fieng Warburton zuerst an, die Materialien zu verarbeiten, die jener gesammlet hatte. (The divine Legation of Moses Vol. I. Sect. IV.) Sein Scharfsinn verleitete ihn aber nicht selten zu unhistorischen Hypothesen, und ließ ihn eben so oft in alten Schriftstellern mehr finden, als darin enthalten war. Seine Erklärung des sechsten Buchs der Aeneide ist zu bekannt, und zu oft widerlegt, als daß ich mich dabey aufhalten sollte. Unterdessen ist er bey allen seinen Fehlern der Erste, der sich einigermaßen richtige Begriffe von den kleinen und großen Eleusinischen Geheimnissen, ihren Unterschieden und Bestimmungen gebildet hat. Vielweniger wichtig ist die Abhandlung von Bougainville über die Eleusinischen Mysterien, die im 21sten Bande der Memoires de l'Academie des Inscriptions S. 83-105, steht.

Der

selbst über die Geheimnisse zu schreiben, und bevor ich mehr gefunden zu haben glaubte, als meine Vorgänger geliefert hatten. Einseitigkeit sowohl, als Widersprüche in den verschiedenen Schriftstellern über die Mysterien entstanden daher, daß sie sich alle auf die Untersuchung einer Art von Mysterien, meistens der Eleusinischen einschränkten; daß sie die Letztern nicht genug mit den übrigen Mysterien der Griechen verglichen, und daß sie endlich alle Mysterien als gleichförmige gottesdienstliche Einrichtungen ansahen, die unter allen Völkern, aus denselbigen Gründen eingeführt, und sich daher völlig gleich sowohl

 an

Der Verfasser folgt fast allenthalben dem Meursius, trägt aber einiges neues über die Diener der Mysterien vor. Noch unbedeutender ist des sel. Prof. Bachs Disputatio pro Mysteriis Eleusiniis, die er 1744. zu Leipzig vertheidiget hat. Sie ist ganz aus dem Warburton ausgeschrieben. Zuletzt hat Herr Starke in seinem neulich herausgegebenen Hephästion einige Bemerkungen über die Mysterien mitgetheilt, deren Vergleichung mit der Geschichte der Mysterien, die ich jetzt liefere, ich meinen Lesern überlassen will.

en Inhalt, als Bestimmung wären. Keinem fiel der, wenn man ihn nur einmal gedacht hat, sehr leichte und natürliche Gedanke ein, daß die Religionen der Völker, unter denen sich Mysterien fanden, oder noch finden, sehr von einander abweichend sind, oder waren, und daß also vielleicht auch ihre geheimen Lehren und Gebräuche eben so verschieden seyn konnten. Keiner dachte daran, daß die Ursachen, weswegen Mysterien anfänglich gestiftet wurden, oft in der Folge der Zeit verschwanden, und daß also dieselbigen Mysterien desselbigen Volks ganz andere Zwecke, und Bestimmungen erhalten konnten, als aus welchen man sie ursprünglich aufgenommen hatte.

Unter Mysterien verstehe ich entweder gewisse gottesdienstliche Gebräuche und Feyerlichkeiten, die von Priestern, oder andern vom Volke für heilig gehaltenen Personen verrichtet und begangen wurden, deren Anblick aber, und Mitfeyer nicht anders als nach vorhergegangenen Prüfungen, und mit der ausdrücklichen, oder stillschweigenden Bedingung einer ewigen Verschwiegenheit erlaubt wurde; — oder ich verstehe auch unter Mysterien gewisse auf die

Re-

Religion eines Volks sich beziehende Lehren, deren Besitzer wiederum Priester waren, die durch mündliche Ueberlieferung, oder in verborgenen Schriften im Orden erhalten, und andern, die keine Priester waren, entweder gar nicht oder nicht anders, als nach vorhergegangenen Prüfungen und unter der Bedingung des heiligsten Stillschweigens anvertraut und bekannt gemacht wurden.

Mysterien, in der einen, oder andern Bedeutung genommen, finden sich nicht unter allen Nationen des Erdbodens. Nicht die geringste Spur davon trifft man unter denjenigen wilden Völkerschaften an, die noch keine feste Religion, keine allgemeine vom ganzen Volk angebetete Nationalgötter haben; die weder gemeinschaftliche zu bestimmten Zeiten zurückkehrende Feste, noch gewisse zur Anbetung, und Darbringung von Opfern bestimmte Plätze kennen; die ferner noch keine eigentliche Priester oder Diener der Götter bestellt haben, welche im Namen des ganzen Volks Seegen erflehen, oder verdiente Strafen abwenden sollen, sondern unter welchen nur bloße Zauberer, Wahrsager und Zeichendeuter sich finden, die einzig und allein über den glücklichen oder unglücklichen Ausgang einer Jagd, Fischerey, oder Krankheit befragt werden: unter welchen selbst diese Zauberer keinen unter sich verbundenen Orden ausmachen, sondern einzeln und abgesondert leben, und es keinem andern wehren können, wenn er ohne ihr Wissen und Willen, ohne vorhergegangenen Rath und genossenen Unterricht sich zu ihrem Mitbruder aufwirft. Solche Völker können gar kein Mysterium haben: die unbeträchtliche Anfänge von Religion, die sie besitzen, enthalten keine deutliche bestimmte Lehren; und die wenigen Grundsätze, die sie in sich fassen, sind unter allen einzelnen Wilden eben so allgemein verbreitet, als die Gebräuche, womit ein jeder die von ihm selbst gewählte Gottheit versöhnen will, eines jeden Willkühr überlassen sind.

In diese Klasse gehören noch jetzo die Samojeden, Kamtschadalen, viele tartarische Horden, deren Gmelin gedenkt, die Californier und Eskimos, endlich auch die Lappländer und Grönländer. Alle diese Völker haben keine gemeinschaftliche Religion, keine Nationalgötter, und festliche allgemeine Zusammenkünfte, endlich keine, der Gottheit gewid-

gewidmete, und von dem übrigen Volke abgesonderte Diener, sondern nur zaubernde Quaksalber und Wahrsager, die nicht erst lange auf den Ruf der ältern warten, um ihre dummen leichtgläubigen Landesleute durch grobe Betrügereyen zu hintergehen, sondern gleich von freyen Stücken sich als Meister in der Kunst ankündigen, so bald sie sich nur fähig fühlen, in stundenlange Entzückungen zu fallen, und durch Saugen, Anblasen oder Hermurmeln unverständlicher Wörter einem jeden Kranken die Wurzel des Uebels in Steinen, Knochen, oder Thierklauen, aus dem Leibe zu ziehen. Die Kunst wahrzusagen ist unter diesen Völkern so einfach, und die Kunst zu zaubern so grob, daß ein jeder, nur etwas verschmitzter Wilder sie leicht von selbst finden und ausüben kann, ohne in mehrern mühsamen Prüfungs- und Lehrjahren zu diesen betrügerischen Geschäfften vorbereitet zu seyn.

Mysterien fehlen also bey den von mir genannten Völkern, und bey allen übrigen, die bis zu demselben Grad von Unwissenheit und Verwilderung herabgesunken sind. So bald aber wilde Völker sich nur um einige wenige Grade über diese entsetzliche Unwissenheit empor vor heben, eine grössere Mannichfaltigkeit von Geschäfften zu verrichten haben, und eben durch diese Mannichfaltigkeit von Geschäfften eine stärkere Neugierde in Rücksicht mehrer künftiger Begebenheiten, und eine grössere Aufmerksamkeit auf das, was um sie her vorgeht, erlangen; so wird Zaubern, Beschwören und Wahrsagen eine schwerere zusammengesetztere Kunst, deren Geheimnisse von andern, die sie lange mit Ruhm ausgeübt haben, erlernt werden müssen. Zauberer, Beschwörer, und Wahrsager treten unter einander in eine nähere Verbindung, in eine Art von Bund und Orden, erhalten allmälig das ausschliessende Recht, andere in ihren Orden aufzunehmen, und für Meister in ihren Künsten zu erklären, und lassen endlich diese Ehre niemanden angedeihen, der sich nicht bey ihnen gemeldet, und durch mancherley harte, oft Jahre lang anhaltende Prüfungen seiner künftigen Bestimmung sich würdig bezeigt hat. Unter solchen Völkern nun, deren heilige Betrüger eine genau verbundene Gesellschaft ausmachen, und unter welchen kein andrer Glauben und Ansehen erhalten kann, der nicht von dieser Gesellschaft unterrichtet und auf-

aufgenommen worden; unter solchen müssen nothwendig Mysterien einer gewissen Art entstehen, und zwar aus Ursachen, die zu sehr in die Augen fallen, als daß ich sie weitläuftig aus einander zu setzen nöthig hätte.

Wenn man in der Mitte von Amerika, die ehemaligen Peruaner, Mexikaner, und die Natches ausnimmt, die nicht nur Zauberer, sondern Volksreligion, Tempel und Priester hatten, und an den beyden äussersten Enden dieses Welttheils die kleinen Häuflein elender Wilden bey Seite setzt, die mit einem zu rauhen Klima, oder einer zu unfruchtbaren Natur zu kämpfen haben, als daß sie jemals zahlreicher und verschmitzter werden, und mehr als einzelne zerstreute Jongleurs unterhalten sollten; so kann man fast alle übrige Völkerschaften von Amerika als solche ansehen, die noch keine eigentliche Priester, aber viele aufs genaueste unter einander verbundene Jongleurs von beyderley Geschlecht haben, die die Zauberkünste, denen sie ihren Unterhalt und ihr großes Ansehen zu danken haben, um einen theuern Preis von Prüfungen, und Kreuzigungen von ihren Vorgängern eingekauft haben, und sie auch nicht anders, als unter denselbigen Bedingungen sichern und zuverläßigen Personen mitzutheilen pflegen. Diese Jongleurs, besonders die von männlichem Geschlechte, werden ausserordentlich verehrt, weil man sie als Vertraute mächtiger Geister ansieht, die ihnen die ganze Zukunft, und die besten Gegenmittel gegen alle Arten von Unfällen offenbaren. Sie werden daher in allen wichtigen sowohl häuslichen, als öffentlichen Angelegenheiten zu Rathe gezogen; sie befragt man um den Ausgang eines Krieges, einer Jagd, oder Fischerey, um die Bedeutungen von Träumen, und die Ursachen der geheimsten Wünsche der Seele: zu ihnen nimmt man seine Zuflucht, um die Entwender gestohlner Sachen zu erfahren, von natürlichen Krankheiten geheilt, und von Bezauberungen entzaubert zu werden. Ihre Namen sind unter einem jeden Volke verschieden; allein diese mögen einsylbigt oder vielsylbigt seyn, so stimmen sie aufs genaueste in ihren Geschäfften, und in dieser Grundregel ihres Ordens überein: daß sie Niemanden, als nach vielen vorher überstandenen Prüfungen zum Besitzer ihrer geheimen Künste machen, und als ein Mitglied ihres Ordens aufnehmen.

Wenn

Wenn jemand (sagt der Verfasser der Voyage de Cayenne Liv. III. Ch. 12.) Lust hat: Piaje oder Wahrsager zu werden, so muß er sich eine Zeitlang zu einem alten erfahrnen Meister aus der Zunft, in die er treten will, begeben, und sich von ihm unterrichten lassen. Diese Lehrzeit dauert oft zehn Jahre, und während derselben wird der Jünger vom Alten auf das genaueste beobachtet, ob er auch alle zu einem künftigen Piaje erforderliche Eigenschaften besitze. Selbst alsdenn, wenn man ihn würdig findet, wird er doch nicht vor einem Alter von fünf und zwanzig, oder dreyßig Jahren in den Orden selbst aufgenommen.

Wenn die Zeit herannahet, wo man beschlossen hat, den bisherigen Candidaten in die Würde eines ächten Wahrsagers und Zauberers einzusetzen; so legt man ihm vorläufig ein jähriges Fasten auf, während welches er weiter nichts als in Wasser gekochte Hirse, und etwas Cassave genießen darf. Durch diese Fasten wird der Einzuweihende so entfleischt und abgemergelt, daß er sich kaum aufrecht halten kann. Nach der Endigung dieser Fasten versammlen sich die alten Zauberer ker und Wahrsager, schliessen sich mit ihrem jüngern künftigen Mitbruder in eine Hütte ein, und unterrichten ihn in der Kunst, Geister zu beschwören und herbey zu rufen. Während der Einweihung läßt man den durch Hunger vorher schon aufgeriebenen Lehrling so heftig und anhaltend tanzen, bis er wie todt zur Erde niederfällt. Alsdenn erbricht man ihm mit Gewalt den Mund, und gießt ihm, um ihn wieder zu sich selbst zu bringen, ein großes Gefäß des stärksten Tobacksaftes ein, welche schreckliche Arzeney ihn sehr bald aus der tiefsten Ohnmacht in die heftigsten Convulsionen versetzt. Diese mörderischen Tänze werden, wie die Eingießungen stärkender Arzeneyen, wiederholt, und alsdann wird er, doch nur Bedingungsweise ein ächter geprüfter Piaje, wenn er noch in den drey ersten Jahren seiner neuen Würde fastet; in deren zweyten er aber eine weniger strenge Lebensart, als im ersten, und so im dritten eine noch schonendere gelindere Diät beobachten darf. — Fast auf eben die Art, und mit eben den harten Prüfungen wurden ehemals unter den Moxas, einem Südamerikanischen Volke in Paraguay (Lettres edifiantes Rec. 10.) und

bey

bey den Wilden am Flusse la Plata junge Leute in den Orden der Jongleurs aufgenommen. (Coreal Voyage aux Indes occid. P. II. c. 10.) Auch die Huronen, Irokesen und Algonkinischen Nationen erkannten ehemals keinen für einen brauchbaren Jongleur, der nicht von den Jahren der Mannbarkeit an sich eine Zeitlang unter der Aufsicht eines alten Wahrsagers in die dicksten Wildnisse zurückgezogen, und zu seiner künftigen Beschäfftigung sich geschickt gemacht hatte. Der Lehrling mußte in dieser Einsamkeit seinem scharf beobachtenden Aufseher, alles was in seiner Seele vorgieng, besonders aber seine Träume ohne Zurückhaltung mittheilen, und aus diesen sowohl als aus seinem übrigen Betragen suchte der Lehrer mit Hülfe andrer alten Jongleurs seine Geschicklichkeit und künftige Bestimmung festzusetzen. (Lafiteau Mœurs des Sauvages I. p. 336.)

Am allerumständlichsten und merkwürdigsten ist die Nachricht von der Einweihung eines Jongleurs unter den Caraiben, die der eben angeführte Schriftsteller aus dem du Tertre und der Handschrift eines Jesuiten Le Breton giebt, welcher Letztere sich mehrere

Jahre lang unter den jetzt fast ganz aufgeriebenen Wilden auf der Insel St. Vincent aufgehalten hatte. (344.)

Auch unter den Caraiben mußte ein künftiger Wahrsager mehrere Jahre lang entweder unter der Zucht eines alten Piaje zubringen, eine Zucht, die so strenge war, daß er nicht einmal die Erlaubniß hatte, mit seinen nächsten Verwandten zu reden. Gegen das Ende seiner Prüfungszeit mußte er gleichfalls tanzen, fasten, und Tobacksaft saufen, und sich noch überdem von den alten Wahrsagern den ganzen Körper mit spitzigen Zähnen zerreissen lassen, eine Kreuzigung, zu der man ihn deswegen gewöhnte, um ihn zu künftigen willkührlichen Zerfleischungen desto abgehärteter und muthiger zu machen. Nach allen diesen glücklich überstandenen Prüfungen, wurde er endlich mit einbrechender Nacht von einem alten Wahrsager abgeholt, der ihm mit aller der Beredsamkeit, deren er fähig war, die Würde und Erhabenheit seiner künftigen Bestimmung schilderte, und ihm zu gleicher Zeit, eine kurze aufmunternde Nachricht von allem dem, was diese Nacht mit ihnen beyden vorgehen würde, mittheilte.

Während

Während dieser Erbauungsrede säuberten Weiber auf Befehl des Zauberers eine Cabane, und hiengen drey Hamacs oder Betten auf, eins für den bald erscheinenden Geist, ein andres für den Mystagogen, und ein drittes für den Einzuweihenden. An dem einen Ende der Hütte wurde ein kleiner Tisch oder Altar aufgerichtet, auf welchen man einige Cassava-Brodte, und ein mit ihrem Lieblingsgetränke angefülltes Gefäß hinsetzte.

Um Mitternacht schlossen sich der Lehrer und Schüler ganz allein in die Cabane ein. Gleich nach dem Eintritt stimmte der Erste mit der fürchterlichsten Stimme einen Zaubergesang an, auf den, nach dem Zeugnisse der Caraiben, unverzüglich ein schreckliches, aber entferntes Geräusch in der Luft erfolgte, womit der kommende Geist seine Annäherung verkündigte. Auf dieß wahrgenommene Geräusch löschte der alte Piaje das brennende Feuer, bis auf die letzten Funken aus, weil Geister überhaupt den Glanz des Feuers und Lichtes scheueten. Gleich darauf stürzte der gerufene Geist sich durch das Dach der Cabane mit einem so heftigen Geprassel nieder, der dem heftigsten Donnerschlag in einem sehr starken Gewitter gleich kam. Der alte sowohl als neue Piaje beteten ihn zitternd an, und gleich darauf entstund unter allen dreyen ein Gespräch, was die aufmerksamen Zuhörer in den nächsten Cabanen Wort für Wort verstehen konnten.

Der Geist war der erste, der das Gespräch mit der Frage an den alten Beschwörer, warum er ihn anjetzo gerufen habe, anfieng, und dieser Frage die gnädige Versicherung seiner Huld, und das Versprechen, alle seine Wünsche zu erfüllen, hinzufügte. Der Alte dankte dem Geist für seine herablassende Gnade, bat ihn fürs erste Platz zu nehmen, und die kleinen Gaben und Opfer nicht zu verschmähen, die er ihm im Winkel der Cabane dargebracht hätte.— Diese Bitte war kaum geendiget, als der Geist mit der heftigsten Erschütterung von dem ihm bestimmten Bette Besitz nahm, und nicht nur durch eine laute Friction der Zähne, sondern auch selbst durch ein vernehmliches Knacken der Kinnbacken anzeigte, wie gut er sich die ihm dargebotene Opfer schmecken ließe. Doch war dieß ganze Geklapper bloß Grimasse: Essen und Trinken wurde nachher eben so unversehrt, und unver-

unvermindert gefunden, als man es hingesetzt hatte.

Nach aufgehobener Mahlzeit, oder vielmehr nach geendigtem Zähneklappern, ließ sich der alte Beschwörer aus seinem Hangbette auf die Erde nieder, nahm eine bittende demüthige Stellung an, und eröffnete dem in der Stille lauschenden Geiste die wichtige Ursache, weswegen er sich unterfangen habe, ihm diesmal beschwerlich zu fallen: daß er ihm zwar seine Ehrfurcht bezeigen, aber vorzüglich den gegenwärtigen jungen Mann seinem mächtigen Schutze empfehlen wolle: daß er ferner ihn, seinen bisherigen Beschützer bitte, einen andern ihm ähnlichen Geist herabsteigen zu lassen, in dessen Dienst der junge Mann mit eben den Bedingungen, und in eben der Absicht treten könne; unter und mit welchen er in den seinigen getreten sey. — Ich will dich erhören, antwortete der Geist; und so gleich gab ein zweyter eben die schreckenden Zeichen seiner Gegenwart, womit der erste erschienen war. Wunder folgten auf Wunder, und Täuschungen auf Täuschungen so gedrängt auf einander, daß ihrer beyder Sinne wie

gefesselt und betäubt, und sie selbst ganz ausser sich gesetzt wurden.

Wenn sie sich wieder zu sammlen anfiengen; so kam die Reihe zu reden an den Einzuweihenden, der sich alsdenn auf die Erde
niederließ, und den zweeten Geist mit furcht-
samer Stimme beschwor: ihm nicht hülflos
umkommen zu lassen, und ihm so oft zu er-
scheinen, als er ihn anrufen, und seine Gegenwart zum Besten seines Volks brauchen
würde. Fasse Muth, antwortete der ange-
rufene Geist, sey mir nur treu, so will ich
dich, weder auf deinen Reisen zu Wasser noch
zu Lande verlassen; ich will dir in allen Fähr-
lichkeiten, in denen du dich finden wirst, zur
Seite seyn: aber wisse auch zugleich, daß,
wo du mir nicht treu dienest, ich der schrecklichste und unversöhnlichste deiner Feinde seyn
werde. — Mit diesen Worten verschwanden beyde Geister mit einem entsetzlichen Ge-
töse, und nun liefen alle Caraiben aus den
benachbarten Hütten nach dem Schauplatz der
Wunder und des Schreckens, wo die beyden
Vertrauten der verschwundenen Geister gemeiniglich noch halb todt, starr und bewegungs-
los gefunden wurden.

Wenn man alle diese Nachrichten von der feyerlichen Aufnahme geprüfter Jünger in die Brüderschaften der Jongleurs zusammen nimmt, so läßt sich die Wirklichkeit von Mysterien unter vielen Amerikanischen Völkerschaften nicht wegläugnen. Ihre Mysterien bestanden nämlich in der Kunst, dienstbare Geister herbey zu rufen, um von ihnen die geheimen Geschichten der Vergangenheit und Zukunft zu erfahren; oder vielmehr in der Fertigkeit, durch Fasten, heftige Ermüdungen und Arzeneyen sich freywillig in einen, mit den heftigsten Verzückungen verbundenen Zustand des Nichtbewustseyns zu versetzen, um nachher leichtgläubigen Seelen die Träume einer empörten verwüsteten Einbildungskraft, oder auch die sorgfältig vorher überdachten Rathschläge der Klugheit für göttliche Eingebungen zu verkaufen. Diese Kunst wurde ferner nur wenigen Personen, nach langen und beschwerlichen Prüfungen mitgetheilt, und hingegen dem ganzen übrigen Volke gänzlich entzogen, weil sie mit ihrer allgemeinen Bekanntmachung ihr ganzes Ansehen, und deren Besitzer oder Bekenner ihren Unterhalt verloren hätten. Die Mysterien dieser Amerikanischen Völker haben das Unterscheidende von den Geheimnissen andrer Nationen, die ich nachher untersuchen werde, daß sie gar nicht für's Volk, sondern allein für dessen heilige Rathgeber bestimmt sind; daß sie ferner nicht in der Mittheilung, und Erklärung gewisser philosophischer Lehren, oder Religionsgrundsätze, nicht in der Verrichtung bedeutungsvoller Gebräuche, oder in dem feyerlichen Anschauen, von unbekannten Personen, und Triebwerken aufgeführter Schauspiele, bestehen, sondern daß sie allein die Erwerbung einer ausserordentlichen Fertigkeit in heiligen blendenden Taschenspielereyen zur Absicht haben, die aber nicht anders als durch langen Unterricht, und oft wiederholte Uebungen können erlangt werden. Diese letztere Eigenheit der Mysterien der Amerikanischen und anderer ihnen ähnlichen Völker enthält auch den Grund, warum die Lehr- und Prüfungszeit der Einzuweihenden viel länger, als bey andern Nationen, war, und nicht blos einige Tage oder Monate, sondern meistens eine große Reihe von Jahren dauerte.

Uebri-

Uebrigens muß man nothwendig über die seltene List erstaunen, die aus der ganzen Einrichtung, und Oekonomie dieser Mysterien hervorleuchtet. Sie waren gleich vortrefflich für abergläubige Schwärmer, und verschmitzte kühne Betrüger eingerichtet; und ihre grausenvolle Feyerlichkeit diente eben so sehr dazu, dem andächtigen Pöbel Ehrfurcht gegen die Besitzer dieser Geheimnisse einzuflößen, als dem neugierigen Auge ihre wahre Beschaffenheit zu entziehen. — Die Prüfungszeit, die vor der Einweihung vorhergieng, war so lang, daß man den Candidaten von Grund aus kennen lernen konnte. Ihre Fasten, Tänze, und Arzeneyen konnten das schwache Gehirn erwartungsvoller Schwärmer, die nach Erscheinungen, und Verbindungen mit übermenschlichen Wesen sich sehnten, leicht in eine solche Unordnung bringen, daß sie Geister zu sehen, und ihre Stimmen zu hören glaubten: — und eben diese Fasten, Tänze und Arzeneyen waren selbst für die stärkern Geister, die wohl wußten, daß sie keine Geister sehen würden, deswegen nothwendig, um ihnen allmälig die Fertigkeit, und Mittel zu verschaffen, sich unter convulsivischen Bewegungen

 in

in stundenlange Ekstasen, und Betäubungen zu versetzen. Endlich war die Stelle und Dunkelheit der letzten Nacht, wo dem Einzuweihenden gleichsam die Krone aufgesetzt wurde, ferner die Einsamkeit, worin der alte und junge Zauberer sich in eine durchaus unerleuchtete Cabane einschloß, gleich bequem, die Ankunft der Geister durch ein Geräusch anzukündigen, das die wilde Einbildungskraft der zitternden Horcher bis zu Donnerschlägen verstärkte, und zugleich mehrere Jongleurs in der Cabane zu beherbergen, reden, und verschwinden zu lassen, ohne daß Gaukler, und Gaukeleyen von der in der Ferne harrenden Menge bemerkt wurden, die nicht eher herzudrangen, als bis das Schauspiel geendigt, und die Hauptpersonen die Scene verlassen hatten.

Unter einigen wilden Völkerschaften ist die Kunst zu heilen von der Kunst zu wahrsagen, und zu zaubern getrennt, und Aerzte sind deswegen von Zauberern sehr verschieden. Dieß ist der Fall bey den Indianern, die an den Ufern des Hudsonischen Meerbusens wohnen. (Account of a Voyage for the Discovery of a Nordwest Passage. Lond. 1748. Vol. I. p. 235.)

p. 235.) Selbst da aber, wo beyde Professionen vereinigt sind, und eine einzige geschlossene Gilde ausmachen, selbst da können oft Mysterien ganz zu fehlen scheinen. Wenn nämlich die Kunst zu beschwören, und zu weissagen, in einem gewissen Orden, oder in einzelnen Familien erblich geworden ist, und der Sohn dem Vater allemal in seiner Würde, und Beschäfftigung folgt; so fallen natürlich die große Feyerlichkeiten weg, mit welchen man anderswo unbekannte, oder nicht genug geprüfte Personen einzuweihen gezwungen wird. Die Väter unterrichten ihre Kinder in der Stille, und ohne alles Geräusch in ihren geheimen Künsten, weil solche Völker gemeiniglich glauben, daß alle große Tugenden, besonders übernatürliche Gaben fortgepflanzt, und angeerbt werden: und daß also Könige, Aerzte, Zauberer, nicht anders, als von ihres gleichen können erzeugt werden.

So bald aber unter Nationen nicht blos Jongleurs und Zauberkünste sich finden, sondern gemeinschaftliche Religion, Opfer, Feste, Götter, und Priester entstehen; so können unter solchen Völkern noch zweyerley Arten von Mysterien sich entwickeln, die ganz von einander

ander verschieden sind, und fast entgegen gesetzte Ursachen und Absichten haben. Die eine Art zeigt sich fast immer bey Völkern, die solche Götter anbeten, die entweder von Menschen gebohren, oder wenigstens in menschlicher Gestalt sich geoffenbaret haben, deren Priester ferner blos Opferer, Weissager, u. s. w. aber keine Lehrer des Volks sind, und also die heiligen Geschichte ihrer Götter nicht öffentlich vortragen. Bey solchen Völkern sind Mysterien gewöhnlich dramatische Vorstellungen der Geschichte und Begebenheiten ihrer Götter, die die Stelle des öffentlichen Unterrichts vertreten, aber noch andere Absichten mit sich vereinigen lassen. — Die zwote Art von Mysterien findet sich unter solchen Völkern, deren Priester zugleich Philosophen sind, und eine gewisse Anzahl von Kenntnissen erworben haben, die mit der öffentlichen Volksreligion, deren Diener sie sind, nicht genau übereinstimmen, aber einzelnen Personen eben so heilsam und nothwendig sind, als sie dem Pöbel sorgfältig entzogen werden müssen. Diese Mysterien, die in der Mittheilung gewisser, der Nationalreligion entgegengesetzter Kenntnisse, bestehen,

werden

werden entweder mündlich fortgepflanzt, oder in heiligen Schriften aufbewahrt, die allein in den Händen der Priester bleiben, und auch ihnen allein verständlich und sichtbar sind.

Die erstern fehlen bey allen den Nationen, die keine Götter anbeten, die vom Himmel auf die Erde herab, oder von der Erde in den Himmel hinauf gestiegen sind, nachdem sie vorher unter Menschen gewandelt hatten, sondern ihre Knie allein vor den Lichtern des Himmels beugen. Die Perser zu Herodots Zeiten verehrten allein Sonne und Mond; hatten keine Menschen ähnliche Götter, keine heilige Fabeln, und folglich auch keine Mysterien, die erst unter ihnen entstanden, als die Sonne in einen Menschen ähnlichen Gott, Mithras, verwandelt wurde. Wenn aber auch ein Volk Menschen ähnliche Götter anbetet, und deren Begebenheiten in heiligen Mythologien zusammen gefaßt hat; so können deswegen doch Mysterien der ersten Art fehlen, wenn nämlich die Priester diese heiligen Fabeln dem Volke selbst vortragen. So erklären in Siam die Talapoinen die Geschichte ihres Gottes Sommona Codom, der wahr-

schein-

scheinlich mit dem Fo der Sinesen, dem Siaka der Japonesen, und dem Chika der Tunkinesen einerley Person ist: die Bonzen in Sina die Verwandlungen und Thaten ihres Fo, und dessen Schüler: die Sintoisten in Japan, den Ursprung und die Geschichte ihres Tensio Dai, und der übrigen Götter, ungeachtet die Letztern dann und wann Schwierigkeiten machen sollen, die ganze Geschichte der Cami's zu erzählen, in deren Tempel sie dienen. Alle diese Völker und deren Priester haben keine Mysterien der erstern Art, weil es überflüßig wäre, das Volk in dramatisch-symbolischen Vorstellungen mit dem bekannt zu machen, was die Priester öffentlich und ohne Verhüllung in ihren Reden vortragen.

Die Mysterien der zwoten Art fehlen bey allen den Völkern, wo die Priester bloße Zauberer, Weissager, und Opferbringer, aber keine Philosophen sind, und keine andern Kenntnisse, als die ungereimten Fabeln ihrer Götter besitzen: — oder auch da, wo die Grundsätze der Religion mit den Grundsätzen der Weltweisheit übereinstimmen, und die Priester also keine wahre, dem Aberglauben des Vols entgegengesetzte Kenntnisse zu verstecken

stecken haben. Der erste Fall ist bey den Talapoinen in Siam, und den Priestern der Sintos-Religion in Japan: der zweete Fall trifft bey der Christlichen Religion ein, deren Lehren erhabene Philosophie sind, und nichts verlieren, wenn sie am allgemeinsten verbreitet werden.

Fast alle Völker, deren Priester keine Lehrer, und deren Götter entweder zu den Göttern hinauf gestiegene Menschen, oder zu den Menschen herabgestiegene Dämonen waren, hatten Mysterien, in denen die Schicksale und Thaten ihrer Götter dramatisch vorgestellt wurden. Die Aegyptier beteten ursprünglich die Sonne und den Mond, als Sonne und Mond, nicht unter menschlicher Gestalt, an; allein in spätern Zeiten wurden, wahrscheinlich durch die Bekanntschaft mit den Griechen, Osiris in einen dem Griechischen Bacchus ähnlichen Gott, Isis in eine der Minerva ähnliche Göttin umgeschmolzen; und nun erhielten auch beyde Gottheiten Mysterien, in welchen ihre dem menschlichen Geschlechte erwiesene Wohlthaten, besonders aber die Schicksale, die sie während ihres Aufenthalts auf Erden erfahren hatten, auf eine feyerliche

Art

Art vorgestellet wurden. In dem prächtigen Tempel der Minerva zu Sais findet sich (sagt Herodot II. 171.) ein mit Steinen eingefaßter Platz, in welchem des Nachts die Begebenheiten desjenigen vorgestellt werden, dessen Namen ich nicht auszusprechen wage. Diese Vorstellungen, fährt er fort, nennen die Aegyptier Mysterien, von denen ich zwar vieles weiß, aber das Geringste bekannt zu machen, Bedenken trage. Dieser ehrwürdige Name, den der gewissenhafte, fromme Herodot durchs Niederschreiben nicht entheiligen wollte, war kein andrer, als der Name desjenigen, dessen Sarg und Grabmäler in eben diesem Tempel gezeigt wurden, kein andrer, als der Name des Osiris. Wenn dem Sanchuniathon als einem ächten alten Phönizischen Schriftsteller zu trauen wäre; so hatten die Phönizier schon in den ältesten Zeiten, weit früher als die Griechen, Hierophanten, unter denen ein Sohn des Thabion der erste gewesen seyn soll (s. Euseb. Praepar. Evang. X. p. 39.) und Mysterien, (c. 9.) die den Aegyptischen und Griechischen Mysterien ähnlich waren. Er beklagt sich nämlich in der zuletzt angeführten Stelle nicht undeutlich

darüber,

darüber, daß die Priester seines Volks die wahre Lehre von Gott und der Natur in Allegorien und Fabeln gehüllt, und die großen Körper der Welt als Menschen ähnliche Götter dem Volke in den Mysterien verkündigt hätten. *) Die Chaldäer hatten entweder gar keine

*) Zu den Phönizischen Mysterien gehörten die Orgia des Adonis, von denen Lucian (de Dea Syria p. 658. T. II. Ed. Amst. 1687.) redet. Ich habe, sagt er, einen großen Tempel der Byblischen Venus zu Byblos gesehen, in denen dem Adonis Orgia gefeyert wurden, die ich kennen zu lernen Gelegenheit gehabt habe. Die Einwohner von Byblos behaupten nämlich, daß dieser schöne Geliebte der Venus in ihrer Gegend von einem Eber sey umgebracht worden. Zum Andenken dieser traurigen Begebenheit geißeln sie sich alle Jahre zu einer bestimmten Zeit, trauren und wehklagen, und feyern dem Adonis Orgien. Am ersten Tage derselben weihen sie sich ihm als einem Verstorbenen, am zweyten hingegen sehen sie ihn als von den Todten wieder aufgeweckt an. Weiber und Männer scheeren ihr Haupt, wie die Aegyptier beym Hintritt des Apis, und diejenigen unter den Weibern, die ihr Haupthaar nicht verlieren

keine solche Mysterien, als diejenigen sind, von denen ich jetzt rede, oder wenn sie welche hatten, so ist uns, so viel ich weiß, von alten Schriftstellern gar nichts davon aufbehalten worden. Die Fabeln, die Berosus (Op. Sync. p. 28. 29.) vom Belus und der Anoroka, u. s. w. erzählt, waren, wenn sie anders ächt sind, und unter den Chaldäern vor dem Alexander wirklich verbreitet waren, sehr geschickt, um dramatisch in Mysterien vorgestellt zu werden; allein weder Berosus, noch andere sagen, daß dies wirklich geschehen sey. Die Dea Syria, oder himmlische Venus dieses Volks erhielt in spätern Zeiten Mysterien, die selbst nach Griechenland, und Italien übergiengen, und nicht lange nach Christi Geburt

lieren wollen, müssen zur Strafe einen Tag zur Schau stehen, und ihre Schönheit verkaufen. Doch steht der Kauf und Genuß ihrer Reize allein Fremden frey, so wie der Preis, den sie auf ihre Gunstbezeugungen setzen, der Venus als ein Opfer dargebracht wird. — Einige sagten dem Lucian, daß der Aegyptische Osiris in Byblos begraben sey, und daß ihre jährlichen Orgien nicht dem Adonis, sondern dem Osiris heilig wären.

burt zu den berühmtesten im ganzen Römischen Reiche gehörten; allein diese waren eben, wie die des Persischen Mithras, von späterer Erfindung, und ganz nach Griechischen Mustern eingerichtet, wie ich vielleicht noch am Ende dieser Abhandlung zeigen werde. *)

Die Griechen hatten unter allen bekannten Völkern die meisten Mysterien, weil sie die meisten Menschen ähnliche Götter verehrten, und für eine jede dieser Gottheiten die reichste Mythologie erfunden hatten, die zu einer Menge tragischer Auftritte unerschöpflichen Stoff enthielt. Fast allen Griechischen Göttern waren in irgend einem Theile von Griechenland Mysterien geheiligt, und diese Mysterien kamen darin mit einander überein, daß in ihnen die Geschichte derjenigen Gottheit, in deren Tempel, und zu deren Andenken sie gefeyert wurden, gewöhnlich von den Windeln bis zum Grabe gespielt, besonders aber die Leiden und traurigen Schicksale auf die tra-

*) Man sehe Lucian. de Dea Syria II. 656 seq. et Apul. Metam. VI. p. 91. VIII. 141. Ed. Colvit, und Arnobium adv. Gentes V. p. 157. et seq. Lugd. Bat. 1641.

gischste Art vorgestellt wurden. Clemens von Alexandrien sagt daher sehr richtig, (Coh. ad Gentes p. 16.) daß man in den meisten Mysterien nichts als Erwürgungen, und Grabstätte von Gottheiten sähe. — In den Mysterien der Venus wurde die Entmannung des Saturns, und die Geburt der Venus aus dem verspritzten Blute vorgestellt. (p. 13. ibid.) In den Mysterien des Jupiters Sabazius erschien dieser Gott in der Gestalt einer Schlange, und wurde dem Einzuweihenden durch den Busen gezogen. Die schaudervollsten unter allen Geheimnissen waren unstreitig die des Bacchus, in welchen dieser junge Gott, (S. 15.) den ihn bewachenden Kureten entwandt, von den Titanen zerrissen, gekocht, gebraten, und endlich auf Befehl des Jupiters vom Apoll auf dem Parnaß begraben wurde, nachdem der Vater der Götter und Menschen die Schänder und Würger einer Gottheit durch seinen allmächtigen Blitzstrahl von der Erde vertilgt hatte. Auch die Mysterien der Themis waren wahrscheinlich von ähnlichem Inhalt, wie ihre Symbola, die S. 19. angegeben werden, vermuthen lassen.

Diese Mysterien nun waren bey allen den Völkern, wo sie gebräuchlich waren, ganz natürliche Folgen ihrer Religion sowohl, als der Einrichtung des Priesterordens. Ihre Theologie enthielt keine theoretischen Lehrsätze von den Eigenschaften und Vollkommenheiten der Gottheit, sondern eine Sammlung von Fabeln, in denen die Thaten, und Schicksale der Götter erzählt wurden: und ihre ganze Dogmatik war also historischen Inhalts. — Auf der andern Seite gaben die Priester dieser Völker sich gar nicht damit ab, die Verehrer einer jeden Gottheit mit ihrer historischen Theologie durch schriftlichen oder mündlichen Vortrag bekannt zu machen; sie predigten und schrieben niemals, und es blieb ihnen also gar kein andres Mittel, das Volk in der Geschichte der Götter zu unterrichten, übrig, als die in den Mysterien gewöhnliche Methode einer historischen Religion in Drama zu verwandeln, und das durch theatralische Action auszudrücken, was man weder mündlich noch schriftlich lehrte, und lehren wollte. Diese Lehrart, die bey einer jeden, aus theoretischen Lehrsätzen bestehenden Religion ganz unanwendbar gewesen wäre, hatte bey den Religionen der alten Völker über alle übrigen Lehrarten unbestrittene Vorzüge. Die Thäten und Schicksale eines Gottes dramatisch vorgestellt, mußten nothwendig die Sinne stärker rühren, der bezauberten Einbildungskraft sich tiefer eindrücken, und durch die lebhafte erregte Täuschung eine stärkere Ueberzeugung der Wahrheit hervorbringen, als wenn man sie in kalten Worten, oder todten Buchstaben vorgetragen hätte. Eben diese theatralische Action mußte ferner, wann sie die Geschichte des Gottes dem sinnlichen Pöbel auch nicht faßlicher gemacht hätte, wenigstens eine viel wärmere Andacht erregen, da sie gewöhnlich von andern feyerlichen Geprängen unterstützt wurde, weil ferner heilige Tempel, Schauplätze, und ehrwürdige Priester Acteurs waren. Wie sehr die Lehrart der alten Mysterien der Denkungsart roher Völker, und unaufgeklärter Zeiten angemessen sey, kann man auch daraus sehen, daß sie in den finstern Jahrhunderten des Mittelalters selbst von den Lehrern und Vorstehern der Christlichen Religion fast allgemein gebraucht wurde. In diesen, den menschlichen Geist so sehr beschimpfenden Zeitaltern waren

die

die Lehrer des Volks selbst viel zu unwissend, als daß sie die erhabenen Wahrheiten der Christlichen Religion bey gottesdienstlichen Versammlungen hätten vortragen können. Die ganze Dogmatik der Christlichen Religion bestand in den meisten Ländern Europens in einer kleinen Anzahl spitzfindiger Fragen, die zu Jahrhunderte lang dauernden Streitigkeiten Anlaß gaben, aber sehr selten aus den finstern Schulkerkern auf die öffentliche Rednerstühle kamen. Man predigte freylich; aber diese Predigten hatten fast nur allein die auf das entsetzlichste verunstalteten Begebenheiten der heiligen Bücher zum Gegenstande, und nicht nur diese, sondern vorzüglich die großen Wunderthaten unzähliger Heiligen beyderley Geschlechts, die schändlicher Eigennutz, und fromme Schwärmerey gemeinschaftlich der höchsten Gottheit an die Seite gesetzt hatten. Aber auch diese Predigten waren nicht derjenige Theil des Unterrichts, auf den die Lehrer der Religion den meisten Fleiß, und ihre Jünger die größte Aufmerksamkeit wandten, sondern an einem jeden großen Festtage, oder einer jeden Gedächtnißfeyer eines Heiligen stellte man die Handlung, oder Begebenheit,

 um

um deren willen ein solcher Festtag eingesetzt worden, — oder wodurch der angebetete Heilige sich am merkwürdigsten gemacht hatte, auf eine theatralische Art in den Gotteshäusern, oder Klöstern vor, und die einzige wahre Religion sank daher zuletzt zu einer heiligen Mummerey herab, von der man noch in manchen Winkeln Europens, besonders aber in den portugiesischen und spanischen Besitzungen des südlichen Amerika die traurigsten Ueberbleibsel findet.

Die meisten Mysterien wurden des Nachts gefeyert, und zwar aus mehrern sehr begreiflichen Ursachen, unter welchen folgende wohl die natürlichste, und wichtigste war: daß alle theatralische Vorstellungen den tiefsten Eindruck machen, und die stärkste Täuschung erregen, wenn der Schauplatz selbst durch die Erleuchtung von Lampen oder Kerzen vorzüglich die Aufmerksamkeit an sich zieht, der Zuschauer hingegen an weniger erleuchteten Oertern sich befindet, und durch Mauren von der übrigen Welt getrennt ist. Es gehörte ferner kein großer Scharfsinn dazu, um zu bemerken, daß das Feyerliche der dramatischen Handlung durch die Stille und Dunkelheit

der

der Nacht erhöht werden müßte; und daß alle Arten von Maschinen nirgends glücklicher, als in eingeschlossenen Oertern, dergleichen die Tempel waren, gebraucht werden konnten, mit deren Winkeln und Gängen die Zuschauer nicht genau bekannt waren, wo man Licht und Finsterniß austheilen konnte, wie man wollte, wo man endlich die Einzuweihenden so stellen konnte, daß auch ein zu neugieriges, und scharfsichtiges Auge das geheime Spiel der Priester nicht durchzuschauen im Stande war.

Unterdessen fehlt es auch nicht an Beyspielen in der Geschichte, daß man merkwürdige Handlungen und Begebenheiten auf eben die Art bey Tage vorstellte, wie sie in den Mysterien gewöhnlich des Nachts gespielt wurden. Die Aegyptier (Her. II. 64.) erzählten, daß der Gott, den sie zu Papremis verehrten, und den Herodot Mars nennt, einstens seine Mutter habe besuchen, und sich mit ihr vermischen wollen; daß aber deren Diener und Wärter den ankommenden Gott verkannt und abgewiesen hätten. Durch diese unhöfliche Begegnung sey Mars dergestalt aufgebracht worden, daß er sich aus den be-

 nach-

nachbarten Städten Verstärkung geholt, die Diener und Thürhüter der Göttin für ihre Unart gestraft, und mit Gewalt sich den Eingang in seiner Mutter Wohnung verschafft habe. — Das Andenken dieser Handlung ihres Gottes wurde jährlich von den Aegyptiern in einem ihrer größten und prächtigsten Feste erneuert. Den Tag vor dem Feste nämlich brachte man die Statue des Gottes in einem hölzernen verguldeten Kasten in ein andres heiliges Gebäude; und am Feste selbst theilten sich gegen Untergang der Sonne seine Priester in zwo Partheyen. Der größte Theil stellte sich vor den Eingang des Tempels mit großen Prügeln bewaffnet, um dem ankommenden Gott die Einkehr in seinem Tempel zu verwehren; einige wenige hingegen waren um die göttliche Statue beschäfftigt, die auf einem vierräderichten Wagen nach dem Tempel zu gefahren wurde. Diese letztern Führer und Begleiter des Gottes wurden von allen andächtigen Pilgrimen unterstützt, die meistens die Zahl von tausend überstiegen, und gleichfalls hölzerne Keulen in ihren Händen trugen. Wenn die den Gott führende Priester und Pilgrime sich dem Tempel näherten; so entstund

ein

ein blutiges Gefecht, unter diesen, und den Priestern, die den Eingang des Tempels bewahrten, und die Gottheit abzuhalten suchten. Diese Prügeley war sehr ernstlich; sie zerschlugen sich nicht nur gegenseitig die Köpfe, sondern es blieben auch dann und wann einige todt auf dem Kampfplatze, ungeachtet die Aegyptier diesen letztern Umstand nicht zugestehn wollten.

Nicht so leicht, und auf eine so genugthuende Art, als die nächtliche Feyer der Mysterien, läßt sich das Gesetz der tiefen Verschwiegenheit erklären, das die Vorsteher fast aller Mysterien den Eingeweihten auflegten. Zu Sais in Aegypten wurde man, aller Wahrscheinlichkeit nach, nur unter dieser Bedingung eingeweiht, weil Herodot es für eine Entweihung der Mysterien erklärt, wenn er das Geringste davon bekannt machen sollte. Von allen Griechischen Mysterien, (die des Jupiters in Creta ausgenommen, Diod. V, 393.) darf es gar nicht einmal bewiesen werden, daß sie nur allein unter der feyerlichsten Angelobung eines ewigen Stillschweigens mitgetheilet wurden; und wenn jemand hierüber auch Beweise verlangen sollte, so würde man

sie

sie allein, in den beyden vielbedeutenden Versicherungen des Clemens von Alexandrien finden, der (S. 13. 19. Coh. ad Gent.) vor seiner Beschreibung einiger Griechischer Mysterien seine Nachrichten als nie gesagte, vorher nie erhörte Dinge ankündigt. — Man eignet, scheint es, den ersten Einsetzern der Geheimnisse zu viele Menschenkenntniß, und philosophischen Geist zu, wenn man mit Warburton annimmt, daß sie von den Einzuweihenden deswegen das Gelübde der Verschwiegenheit verlangt haben, um denen, die noch nicht zu ihrem Besitze gelangt waren, eine desto größere Begierde nach diesen so sorgfältig verhüllten Geheimnissen einzuflößen, und denen, die wirkliche Theilnehmer geworden waren, eine desto größere Meynung, und eine tiefere Ehrfurcht gegen die erhaltenen Offenbarungen beyzubringen. Am wahrscheinlichsten ist es, daß die Stifter der Mysterien die Verschwiegenheit zu einer so allgemeinen Bedingung der Einweihung machten, um durch dies Gesetz alle freye Reden, alle öffentlichen Untersuchungen und Raisonnements über diesen wichtigen Artikel der Religion zurück zu halten. Da Entweihung der Mysterien ein Verbrechen der

der beleidigten Majestät Gottes war, und größtentheils vom Arme der weltlichen Gerechtigkeit auf das schärfste geahndet wurde; so konnten die Eingeweihten nach der Einweihung freylich denken, was sie wollten, aber sie durften doch nichts sagen. Die Vorsteher der Geheimnisse konnten versichert seyn, daß die Mysterien auch von den muthwilligsten Witzlingen würden geschont werden, und daß keiner es so leicht wagen würde, das innere Triebwerk und Spiel der Mysterien zu entdecken, oder diejenigen, welche eines unschuldigen einfältigen Herzens waren, in ihrem Glauben zu stören.

Die letzte Art von Mysterien, über die ich jetzt auch noch einige allgemeine Betrachtungen anstellen will, sind von allen, die ich bishero angeführt habe, sowohl dem Zweck, als Inhalt nach, ganz und gar verschieden. Sie bestanden weder aus heiligen Gaukeleyen, und Possenspielen, noch aus theatralischen Vorstellungen von Göttergeschichten: auch waren sie eben so wenig für Priester, als den grossen Haufen allein bestimmt; sondern ihr Inhalt war eine Sammlung von Kenntnissen, und Raisonnements, die der öffentlichen

Volks-

Volksreligion entgegen gesetzt waren, und entweder durch Ueberlieferungen, oder in heiligen Schriften aufbewahrt, und fortgepflanzt wurden, um Priester sowohl, als Führer des Volks von der wahren Geschichte und Beschaffenheit der öffentlichen Religion zu unterrichten, und ihnen über viele wichtige Gegenstände Erläuterungen zu geben, die der Pöbel nicht fassen konnte, und von denen die Nationalreligion nichts sagte, und sagen durfte.

Diese letzte Art von Mysterien mußte nothwendig unter einem jedweden Volk, das sich ausbildete, und Beobachter der Natur, wie nachdenkende Männer erzeugte, entstehen, und auch eben so sehr, und noch mehr, als alle übrigen Mysterien geheim gehalten werden.

Die Priester eines sich allmälig bildenden Volks mußten nothwendig selbst bald entdecken, daß die Religion, die von ihrem Volk aufgenommen worden, nicht die wahre sey, und daß eben so wenig die Götter, denen sie im Namen ihrer Nation Gelübde, und Opfer brachten, wahre Götter seyn, und Vorzüge der Gottheit besitzen könnten. Die Priester waren unter allen Ständen eines Volks diejenigen,

nigen, die die meiste Muse zum ruhigen Nachdenken hatten, die ferner als Aerzte, und Wahrsager zur Beobachtung, und zum Studium der Natur gleichsam genöthigt wurden. Eine genaue Untersuchung der ältesten Ueberlieferungen ihres Volks lehrte sie entweder, daß die Götter, die sie bisher angebetet hatten, einstens Menschen waren, die eben, wie sie, gebohren wurden, lebten, und starben, oder sie fanden auch aus den Beobachtungen der Gestirne, und andrer Gegenstände der Natur, denen das Volk göttliche Ehre erzeigte, daß diese nicht die Vorzüge göttlicher, über das menschliche Geschlecht erhabener, und waltender Wesen besäßen. Nicht zufrieden mit diesen Entdeckungen giengen fast alle Priesterorden noch einige Schritte weiter, untersuchten nicht nur den Ursprung ihres Volks, und des Menschengeschlechts, sondern so gar die Entstehung der leuchtenden Himmelskörper, und der unermeßlichen Welt; schlossen diese Untersuchungen, wie die wahre Geschichte ihres Volks, ihrer Religion, ihrer Götter entweder in ihre Brust oder in heilige Bücher ein, und öffneten diese Schätze der Weisheit keinen andern als einigen ihrer Mitbrüder,

und

und den Regierern des Volks, die sie vom Pöbel abzusondern wichtige Ursache hatten.

Diese Kenntnisse nun mußten sie nothwendig geheim halten, weil sie dem allgemeinen Glauben des Volks entgegen gesetzt waren, und durch ihre Verbreitung Staat und Religion umgekehrt, Götter von ihren Sitzen und Altären herabgeworfen hätten. Sie liessen daher das Volk ungestört in der Religion seiner Väter beharren, und behielten ihre bessern Kenntnisse für sich, und einige Auserwählte, fest überzeugt, daß, wenn man sie auch ohne zu große Gefahr, und Umwälzungen allgemein machen könnte, der Pöbel doch immer zu sehr Pöbel bleiben werde, um sie begreifen und nutzen zu können.

Auf diese Art muß man die unter so vielen Völkern aufgenommene Eintheilung der Religion in die der Weisen, und des Pöbels, in die exoterische und esoterische erklären; eine Eintheilung, die ich ehemals läugnete, (Versuch über die Religionsgeschichte der Aegyptier S. 300.) weil ich nicht anhaltend, und tief genug untersucht hatte. Sie fand sich nicht nur ehemals bey allen den alten Völ-

kern,

kern, deren Priester nicht blos Jongleurs, sondern auch die einzigen Besitzer der Geschichte, und Ueberlieferungen, und aller übrigen wissenschaftlichen Kenntnisse eines Volks waren; sie finden sich noch jetzo bey allen Nationen Asiens, wo Priester allein, oder doch zugleich Philosophen sind. Die Priester dieser Völker, die ich gleich nennen werde, erhielten nach den Zeiten der Unwissenheit, in welchen die lächerlichen Volksreligionen entstanden waren, und sich festgesetzt hatten, Kenntnisse der Geschichte und Natur, die die Götter und Irrthümer des Volks übern Haufen warfen, Kenntnisse, die sie eben deswegen nicht allgemein bekannt machen durften, und, wenn sie dieses auch ohne Gefahr hätten thun können, nicht bekannt machen wollten, weil sie überzeugt waren, daß der Pöbel eine andere Religion brauche, als die Weisen des Volks, daß eben die Religion, die wenige denkende Männer tröste, und beruhige, dem Pöbel schädlich und unbegreiflich seyn würde, daß endlich der grosse Haufe selbst eines aufgeklärten Volks noch immer den Barbarn sehr gleich sey, unter denen die ungereimtesten Systeme von Vielgötterey erfunden worden, und daß

eben deswegen auch die Religionen der finstersten Zeiten beybehalten werden müssen.

Ungeachtet ich noch jetzo nicht glaube, daß die Aegyptischen Priester eine so reine natürliche Theologie, und ein so ausgearbeitetes vollständiges System von Weltweisheit hatten, als man den Pythagoras, und einige andere aus Aegypten hat holen lassen; (dagegen zeugen alle Fragmente der Philosophen, die nach Aegypten gereiset sind;) so bin ich doch theils durch einige Zeugnisse alter Schriftsteller, am meisten aber durch die Beyspiele andrer den Aegyptiern ähnlichen Völker, überzeugt worden, daß sie gewisse, von den Fabeln der Volksreligion verschiedene Kenntnisse besaßen, die nicht allgemein bekannt werden durften, daß sie diese Kenntnisse in Büchern aufbewahrten, die dem großen Haufen nicht blos unverständlich waren, sondern auch entzogen wurden; daß sie endlich diese ihre Kenntnisse in gewissen Mysterien nur einigen wenigen, und zwar nicht anders als nach langwierigen Prüfungen mittheilten. Ich berufe mich hier nicht blos auf die fabelhaften Lebensbeschreiber des Pythagoras, die die Einweihung dieses Philosophen in die Aegypti-

schen

schen Geheimnisse in einen Roman umgearbeitet haben, sondern auf die Zeugnisse des Herodots, und fast aller Griechischer Geschichtschreiber, die ich in meinem kurz vorher angezeigten Versuch angeführt habe, und alle beweisen, daß die Aegyptischen Priester viele geheime Schriften besaßen, in welchen die alte Geschichte des Reichs, die immer mangelhaften, und mit Fabeln untermischten Beobachtungen aus der Naturgeschichte ihres Landes, endlich ihre Lehren über die Bewegungen der himmlischen Körper, und ihre Meynungen von dem Ursprung der Welt, und der Natur der Gottheit enthalten waren. Hiemit stimmen die Aussprüche des Clemens von Alexandrien, und des Plutarchs überein, (die freylich ohne die vorhergehenden nicht viel gelten würden,) welche beyde versichern, daß die Aegyptier gewisse wissenschaftliche Kenntnisse hatten, die sie aber nur wenigen, als nie zu entheiligende Geheimnisse vortrugen. Die ägyptischen Könige (sagt Plutarch περι Ισιδος και Οσιριδος p. 631. I. Opp. Plut. Ed. Steph. 8.) wurden bald aus dem Orden der Priester, und bald aus dem Kriegsstande gewählt; im letzten Fall wurde der neue König gleich nach seiner Ernennung in den Orden der Priester aufgenommen, und in ihre geheime Philosophie eingeweiht, die die Wahrheit in Fabeln und Allegorien ausdrückte, oder durchscheinen ließ. Symbola dieser geheimen Philosophie sind die Sphinge, die an dem Eingange ihrer Tempel stehen. — Dieser Ausspruch des Plutarchs erhält noch mehr Gewicht durch das Zeugniß des Clemens, der im zweyten Jahrhundert in Aegypten lebte, und, wie bekannt ist, die Mysterien der alten Völker sonst nicht von der besten Seite vorstellte. Die ägyptischen Priester (sagt er Strom. V. 670. ed. Potteri) theilten ihre Geheimnisse nicht einem jeden mit, und vertrauten ihre Wissenschaften von göttlichen Dingen (των θειων ειδησιν) keinem Ungeweihten an, sondern allein denen, die dereinst den Thron ihrer Könige besteigen sollten, oder einigen Auserwählten ihres eigenen Ordens, die sich entweder durch ihre Lebensart, oder durch ihre Gelehrsamkeit, oder endlich durch ihre edle Geburt vorzüglich vor andern auszeichneten.

Wenn Sanchuniathon kein erdichteter Name, und seine Schriften nicht Erfindungen

seines

seines angeblichen Uebersetzers wären, so würde man aus seinen uns aufbehaltenen Bruchstücken unwidersprechlich darthun können, (apud Euseb. Praep. Evang. l. c. 9. p. 31. 32.) daß die Phönizier gleichfalls heilige Urkunden, und Schriften gehabt haben, in welchen die älteste Geschichte ihres Volks, und andere wissenschaftliche Kenntnisse aufbewahrt wurden. Sanchuniathon schöpfte seine Kosmogonie, und historische Nachrichten, nach der Angabe des Philo Byblus, aus den Urkunden, die er von einem gewissen Hierombalus, einem Priester des Gottes Jeuo erhielt; ferner aus den heiligen Schriften, die in den Städten seines Volks, besonders in den Tempeln der Götter zerstreut waren. Drittens aus den Werken des Taaut, von dem er wußte, daß er unter allen Sterblichen zuerst die Kunst zu schreiben erfunden habe, und auch der erste Schriftsteller geworden sey: endlich aus gewissen Ammonischen Schriften, die in dem Allerheiligsten der Tempel versteckt, und nicht allgemein bekannt waren. Aus allen diesen heiligen Schriften unterrichtete sich der lehrbegierige Phönizier, und zog aus ihnen Nachrichten und Wahrheiten ans Tageslicht, die vorher in Fabeln und Allegorien eingehüllt waren, und nach ihm wieder in Fabeln und Allegorien von den Finsternißliebenden Priestern eingehüllt wurden.

Wenn das, was Syncellus (Chron. p. 28.) Josephus, (contra Ap. L. 16.) und Eusebius (Praep. Eu. IX. 14. 17. 27. 40. 42.) aus den Χαλδαικοις des Berosus aufbehalten haben, nicht ein offenbares Gemisch von griechischer Mythologie, Platonischen Träumen, und verunstalteten Mosaischen Wahrheiten wäre; so würde ich mich auf diesen Schriftsteller berufen, wenn ich das Daseyn geheimer Chaldäischer Schriften beweisen wollte, die bis auf Alexanders Zeiten allein in den Händen der Priester waren, und historische Nachrichten über die erste Cultur des Landes, über die Entstehung ihrer Religion, endlich ihren Lehrbegriff von dem Ursprung der Welt, vortrugen.

Allein alle Auszüge der angezeigten Schriftsteller aus dem Werke dieses Chaldäers tragen zu sehr das Gepräge der Selbsterdichtung an sich, als daß ich es wagen sollte, die Wirklichkeit gewisser Mysterien bey einem einzigen Volke daraus zu beweisen, deren Daseyn bey mehrern

mehrern noch jetzt blühenden Völkern sich aus den zuverläßigsten Schriftstellern darthun läßt. Indier nämlich und vielleicht auch die Nachkommen der ältesten Perser, Sineser und Japaneser haben noch bis auf den heutigen Tag Sammlungen wissenschaftlicher Kenntnisse, und den Volsreligionen entgegengesetzter Lehren, die sie als Geheimnisse in heiligen Büchern aufbewahren, und entweder ausser dem Priesterorden niemanden oder doch nur wenigen geprüften mit der größten Behutsamkeit anvertrauen. *)

Ungeachtet die beyden wichtigsten neuern Geschichtschreiber Indiens, Dow in der seiner Ge-

*) Ich sage von den Schriften der Nachkömmlinge der alten Perser, der Parsen, Gebern, oder Feueranbeter, die dem Zoroaster zugeschrieben werden, und vom d'Anquetil herausgegeben sind, deswegen nichts, weil ich sie weder für ächt, noch so alt halte, als wofür sie von vielen sind gehalten worden. Die Gründe für diese Behauptung habe ich kurz in einer Recension der ältesten Urkunde vom Herrn Herder vorgetragen. Man sehe philolog. Biblioth. dritten Bandes, 2. St. S. 124. u. f.

Geschichte von Hindostan vorgesetzten Dissertation, und Hollwell gleich im Anfange des ersten Theils seiner Interesting historical Events &c. sich fast in allen Nachrichten widersprechen, die sie uns von den heiligen Schriften der Braminen mittheilen, und die Namen ihrer Verfasser, der Schriften selbst, und so gar den Inhalt ganz verschieden angeben, so stimmen doch beyde darinnen überein, daß die Braminen an der Malabarischen sowohl, als Coromandelschen Küste, in Bengalen sowohl, als im Innersten von Hindostan zahlreiche Werke besitzen, die in einer jetzt nur wenigen Braminen bekannten Schrift, und Sprache abgefaßt sind, die niemanden ausser der Klasse der Braminen gezeigt werden, und, wie Dow sagt, niemals von einem Europäischen Auge sind gesehen worden. Beyde Schriftsteller stimmen auch ferner darinnen überein, daß in diesen heiligen Schriften, die der eine Veda, der andere Schastah nennt, die Geschichte der Entstehung ihrer Religion, und deren verschiedene Veränderungen, die Lehre vom höchsten Gotte, von der Schaffung der Welt, und ihren periodischen Erneuerungen, endlich die Lehren von den Seelen, der Men-

Menschen, deren Schicksalen, und Bestimmungen enthalten sind, und daß alle, oder doch die meisten dieser Lehren dem Glauben, und der Religion des Volks fast durchgehends entgegengesetzt sind. Beyden Schriftstellern zu Folge wird in diesen heiligen Schriften eine einzige Weltschaffende Gottheit verkündigt, deren verschiedene Vollkommenheiten durch eben so viele Ausdrücke bezeichnet werden, da hingegen der Pöbel der Indianer eine unzählige, sich noch immer vervielfältigende Menge von Gottheiten unter den seltsamsten, und ungeheuersten Gestalten verehrt.

Diese geheime Schriften der Indianer nun sind den heiligen Schriften, die die meisten alten Schriftsteller den Aegyptiern zueignen, sehr ähnlich, und ihre Erklärer, oder Ausleger sind damit gegen die jetzigen Europäer noch zurückhaltender, als die Aegyptischen Priester mit den Ihrigen gegen die reisenden Griechen waren. Sie sind der wahre Inbegriff der großen oder hohen Mysterien, die ihres Inhalts wegen dem Volke nicht bekannt werden dürfen, und in die man alsdenn eingeweihet wird, wenn man sie von allen Braminen erklären hört, und lesen lernt. —

Hollwell (I. S. 3.) rühmte sich, zwo Abschriften von diesen heiligen Schriften besessen, und größtentheils übersetzt zu haben, die aber in der Eroberung von Calcutta 1756. verlohren gegangen wären. Dow hingegen versichert, daß alle die Schriften, die Europäer für die ächten heiligen Schriften selbst gehalten und ausgegeben hätten, bloße spätere Auslegungen gewesen wären, von welchen er selbst auch einige Stücke erhalten, und in dem Brittischen Museo widerlegt hat.

Bey allen Sinesen, und so nachher auch bey den Japanesen waren, wie bey den Griechen, seit den Zeiten des Confucius der Stand der Philosophen und Priester, wie beyder ihre Religion, von einander gesondert. Jenes sonderbare Volk duldete nicht nur zwo herrschende Volksreligionen, die des Laokium und des Fo, wovon die eine 600 Jahre vor Christi Geburt, und die andere 65 Jahre nach diesem Zeitpunkte in Sina eingeführet wurde; sondern ließ sich auch in seinem Glauben weder an die eine, noch die andere dadurch stören, daß die Philosophen Lehren vortrugen, die beyden Religionssystemen entgegen gesetzt waren. Confucius und seine ältesten Schüler ker schränkten sich freylich fast einzig und allein auf Sitten, oder Klugheitslehren ein, und trugen mündlich noch schriftlich etwas vor, was irgend eine Beziehung auf die kurz vor seiner Zeit in Sina eingeführte Religion gehabt, und entweder Billigung oder Tadel derselben enthalten hätte. Er begnügte sich damit, den seit undenklichen Zeiten allgemein gewordenen Dienst der Vorfahren zu empfehlen, und seine Schüler, wenn sie ihm Fragen aus der Religion und Theologie vorlegten, mit Vorwürfen einer gar zu vorwitzigen Neugierde abzuweisen. Allein eben diese Zurückhaltung, und bescheidene Verschwiegenheit des Confucius über Religionssachen wurde Ursache, daß die vernünftigen Sinesen, die sich mit den ungereimten Volksreligionen nicht befriedigen konnten, und doch, auch lieber nach dem Ansehen eines grossen Mannes, als nach selbst gesuchten Gründen entscheiden wollten, daß diese zuletzt gar nicht mehr wußten, was sie glauben, oder nicht glauben sollten. Der Kaiser Jong-lo trug daher etwa 1400 Jahre nach Christi Geburt, 42 der gelehrtesten Mandarinen auf, aus den ältesten Schriften, besonders des Confucius, und seiner ächten Schü-

Schüler ein zusammenhangendes System von Philosophie und Religion zusammen zu suchen, aus welchem inskünftige alle Wißbegierige sich belehren, und nach welchem alle Zweifelnde sich richten könnten. Die zwey und vierzig Mandarinen richteten den ihnen gemachten Auftrag auf eine Art aus, die des in sie gesetzten Zutrauens würdig war, und brachten ein Werk zu Stande, was bis jetzt die Quelle der Religion der Weisen, und die Richtschnur des philosophischen Glaubens ist. Dieß Werk ist es, über dessen Gültigkeit unter den Sinesen, die Jesuiten so heftige Streitigkeiten mit einigen ihrer Brüder, besonders aber mit den Missionarien von andern Orden geführet haben, an dessen allgemein erkanntem Ansehen sich aber unmöglich zweifeln läßt. Den besten Auszug davon geben der Vater Longobardi, selbst ein Jesuit in seinem Traité sur quelques points de la Religion Chinoise (Leibnitzii Epist. ad diversos II. Tom. p. 165.) und der Vater de Sante Marie, ein Franciskaner, in seinem Traité sur quelques Points importants de la Mission de la Chine, (ibid. 267. S.) aus welchen Grundrissen erhellt, daß die Religion

der

der Gelehrten in Sina eigentlich darin beste- he, daß sie gar keine haben, und die herr- schenden Religionen des Volks freylich nicht öffentlich, aber doch stillschweigend, für fa- belhaften Aberglauben erklären. Und doch wird diese unrechtgläubige Philosophie nicht nur schriftlich, sondern auch mündlich ohne das geringste Aergerniß gelehrt, eben so wie Plato ehemals in seiner Akademie, und Epi- kur in seinen Gärten Grundsätze vortrugen, neben welchen die öffentliche väterliche Reli- gion zugleich nicht als wahr bestehen konnte. Diese Erscheinung ist immer sonderbar, aber doch nicht so einzig in ihrer Art, als folgen- de: daß nämlich der Sinesische Pöbel nicht nur den Laokium, und Fo, die angeblichen Stifter zwoer ganz verschiedener Religionen, sondern so gar auch den Confucius in demsel- bigen Tempel, verehren, den sie den Tempel der drey großen Gesetzgeber nennen.

Die Sinesen also, und die von ihnen ge- bildete Japonesen sind darin den ehemaligen Griechen ähnlich, daß Weltweise und Priester von einander getrennt sind, daß jene ein den öffentlichen Religionen entgegen gesetztes Lehr- system haben, und dieß Lehrsystem öffentlich

ohne

ohne Schaden vortragen, ohne doch dieses vorsetzlich mit jenen in der Absicht zu vergleichen, um sie durch eine solche Zusammenhaltung übern Haufen zu werfen. Ausser dieser Aehnlichkeit haben die Sinesen und Griechen noch eine andere, daß die Bonzen, oder die Lehrer der Religion des Fo, der allgemein verbreiteten Philosophie ungeachtet, dennoch Mysterien, eine geheime Theologie, oder, wie sie sich ausdrücken, ein inneres Gesetz lehren, das dem äußern Gesetz, worin sie das Volk unterrichten, gerade widerspricht, und für Seelen, die über den Pöbel sich erheben, bestimmt ist. Das äußere Gesetz, sagen sie, ist nur ein Gestell oder Gerüste, das man niederreißen, und wegwerfen kann, wenn man sich mit Hülfe desselben zur Erkenntniß des innern Gesetzes hinauf geholfen hat. (Le Comte Lettre X. du Halde III. p. 19 et sq.

In ihrem äußern Gesetz, das die Bonzen dem Volke predigen, tragen sie die Geschichte des Fo, und seiner Vergötterung vor, erzählen, wie unzählige Mal er unter allerley Gestalten, und Verwandlungen auf Erden wieder erschienen sey; empfehlen Mildthätigkeit gegen seine Diener, lehren die Seelenwanderung,

rung, und die Wiedervergeltung des Guten und Bösen in einem andern Leben, und verbieten endlich Verunreinigung des Leibes, Diebstahl, Lügen, Weintrinken, und die Erwürgung lebender Geschöpfe.

Dieß äussere Gesetz nun, das Fo während seines Aufenthalts auf Erden selbst gepredigt, und dem er eine unzählige Menge Anhänger zugezogen hatte, schaffte Fo in den letzten Augenblicken seines Lebens auch selbst wiederum ab, und setzte dagegen ein neues Gesetz, nämlich das jetzt so genannte Innere, ein. Alles, sagte er sterbend zu den ihn umgebenden Schülern, alles, was ich euch bisher vorgetragen habe, war nichts als Räthsel und Bild: jetzt will ich euch die reine ewige Wahrheit als ein Vermächtniß nach meinem Tode hinterlassen. Vergebens ist es, fuhr er fort, ausser dem Nichts, den Ursprung, oder das Principium alles dessen, was ist, suchen zu wollen. Aus dem Nichts ist alles entstanden, ins Nichts wird alles zurück kehren: in diesem Abgrunde endigen sich, und stürzen sich alle unsere Hoffnungen zusammen.

Nach einer solchen Abschiedsrede hätte, scheint es, der Eifer seiner Jünger für die Reli-

Religion, die er während seines Lebens verkündigt hatte, sich auf einmal verlieren müssen; allein der größte Theil derselbigen kehrte sich gar nicht an die Grundsätze, die er ihnen sterbend, als die einzigen wahren, empfohlen hatte, sondern blieb unerschüttert bey der zuerst von ihm gepredigten Lehre, wahrscheinlich deswegen, weil sie einsahen, daß man mit ein Paar allgemeinen Sätzen, wenn sie auch noch so wahr wären, weder Ansehen bey dem Pöbel, noch milde Stiftungen, und Vermächtnisse von reichen Andächtigen erhalten würde. — Andere vernachläßigten zwar die letzten Lehren ihres Meisters nicht, entzogen sie aber doch dem Pöbel, und verschlossen sie in großen Geheimnissen, oder im innern Gesetz, das sie nur sich und einigen Denkern gegeben glauben.

In diesem innern Gesetze nun lehren sie: daß das Nichts, (wahrscheinlich eine aller Eigenschaften beraubte unförmliche Materie, dergleichen die ὑλη des Plato war,) das Principium, und Substratum aller Dinge sey; daß dieß Principium alles dessen, was ist, rein und unvermischt, ohne alle Veränderung und Bewegung sey; daß es weder

Tugend

Tugend und Macht, noch Verstand und Willen besitze, sondern, daß seine einzige und größte Vollkommenheit darinn bestehe, ohne alle Wirksamkeit und Begierden zu seyn; daß endlich diejenigen, die zur höchsten, nur erreichbaren Glückseligkeit gelangen, und der Vollkommenheit des ersten Urwesens sich nähern wollten, ihren Geist so lange anstrengen, und ihre Sinne so lange tödten müßten, bis sie es dahin brächten, gar nichts zu wollen, und zu thun, nichts zu empfinden, und zu denken. Diesen Zustand nennen sie das Verschwinden ins Nichts, die Vereinigung mit dem Nichts, oder die Nichtswerdung, und glauben, daß der Stifter ihrer Religion, der Gott Fo selbst, in diesen Zustand versunken sey.

II.

Nach diesen Betrachtungen über die Mysterien der alten Völker überhaupt, gehe ich jetzt zur Geschichte der Eleusinischen, und zwar zuerst zur Geschichte der kleinen Eleusinischen Geheimnisse fort.

Ueber diese, der Ceres und Proserpina zu Eleusis gefeyerten Mysterien kann der neugierige Philosoph unendlich mehr Fragen auf-

werfen, als der gewissenhafte Geschichtforscher beantworten kann. Ueber vieles, was man von den Mysterien wissen möchte, werde ich entweder gar nichts, oder nichts befriedigendes zu sagen im Stande seyn: unterdessen ist es noch immer zu verwundern, daß, wenn man aus den Zeugnissen der Alten (in denen sie oft vieles sagen, indem sie nichts sagen zu wollen vorgeben,) alle zerstreute Lichtstrahlen zusammen sammlet, man doch wenigstens die merkwürdigsten Seiten dieser unter den Alten selbst dunkeln Geheimnisse aufklären kann.

Wenn man fragt, ob die Eleusinischen Geheimnisse sich von den übrigen Mysterien, die andern Göttern, und selbst der Ceres an andern Oertern heilig waren, unterscheiden? so muß man auf diese Frage bejahend antworten. Die Mysterien zu Eleusis zeichneten sich von allen übrigen in und außer Griechenland eben so sehr durch die Größe des Tempels, und durch die feyerliche Pracht der Initiation, als durch die ehrwürdigen Personen, die ihnen vorstanden, und durch das außerordentliche Ansehen aus, worinn sie sich bis auf die spätesten Zeiten des Verfalls der griechischen Religion erhielten.

Der

Der Tempel der Ceres zu Eleusis, besonders aber der zur Einweihung vieler Tausende bestimmte Platz (ιερος σηκος), den Iktinus unter der Aufsicht des Perikles erbauet hatte, war, nach dem Zeugniß des Strabo, so groß, daß er eben so viele Menschen, als ein griechisches, oder römisches Theater, das heißt, wenigstens 20 bis 30000 Menschen fassen konnte. (Strabo Lib. IX. p. 272. Ed. Casaub. 1587.) Eine merkwürdige Stelle des Herodots zeigt, daß so gar in den gefährlichsten Zeiten des Persischen Kriegs die Anzahl der Andächtigen, die sich einweihen lassen wollten, bis auf 30000 hinauf lief. Zu der Zeit nämlich, als das Heer des Xerxes das ganze Attische Gebieth verwüstete, und die Einwohner desselben verscheucht hatte, sah Demaratus, ein flüchtiger Lacedämonier, einen Staub von Eleusis heraufsteigen, der nur von 30000 Menschen erregt werden konnte, und fragte den Dicäus, einen unter den Persern sich aufhaltenden Athenienser, woher dieser Staub entstünde, der ihm dann antwortete, daß der Staub sowohl, als die von fernenher ertönenden Stimmen von denen herrührten, die die heilige Statue des Bacchus von Athen nach Eleusis führten, und daß eben jetzt die der Ceres und Proserpina heiligen Mysterien gefeyert würden, in welchen Athenienser und andere Griechen alle Jahre sich einweihen ließen (Lib. VIII. p. 549. Ed. Steph. 1592.) Aus diesen Stellen allein würde das außerordentliche Ansehen, worinn die Eleusinischen Geheimnisse standen, genug erhellen, wenn auch nicht Pausanias (in Phoc. p. 349. Ed. Wech. 1583.) versicherte, daß die ältesten Griechen diese Geheimnisse eben so sehr über alle sonstige gottesdienstliche Einrichtungen hochgeschätzt hätten, als sie Götter über Helden erhoben und anbeteten. In diesem Ansehen blieben die Mysterien zu Eleusis bis auf den Untergang der heidnischen Religion. Cicero, der allenthalben so sehr über den Verfall der Religion, besonders über das Stillschweigen der Orakel, und die Vernachläßigung aller Arten von Auspicien klagte, redet von den Mysterien zu Eleusis mit der innigsten Ehrfurcht; Er nennt Eleusis das heilige und verehrungswürdige, wo zu seiner Zeit Völker und Menschen aus den entferntesten Weltgegenden eingeweihet wurden. Omitto (I. de Nat. Deor. 42.) Eleusina sanctam illam et augustam vbi initiantur gentes orarum vltimae.

Mit

Mit der innerlichsten Rührung beweinte Aristides den Brand des heiligen Tempels zu Eleusis im zweyten Jahrhunderte, und sagt im Anfange seiner Klagrede: (Tom. I. p. 256. Ed. S. Iebb.) Wer ist so unerfahren, oder unempfindlich, so fern von aufgeklärten Völkern, oder der Kenntniß der Gottheit, der den Tempel zu Eleusis nicht für den gemeinschaftlichen Tempel des Menschengeschlechts gehalten, und die Mysterien unter allen göttlichen Einrichtungen, die Menschen besessen, für die furchtbarste, und zugleich hoffnungsvollste gehalten hätte? Noch im vierten Jahrhundert, als Valentinian die Mysterien abschaffen wollte, widerrieth es Prätextatus dem Kaiser mit folgenden Gründen: daß den Griechen alsdann ihr Leben freudenlos (αβιωτος) seyn würde, wenn die allerheiligsten Mysterien, von denen sie die Wohlfahrt des ganzen menschlichen Geschlechts abhängig glaubten, (τα συνεχοντα το ανθρωπειον γενος μυστηρια) zerstöhrt wären. (Zosimus Hist. Lib. IV. gleich im Anfange p. 735. Collect. Sylb. Script. Graec. min.)

Am allermeisten aber unterschieden sich die Eleusinischen Mysterien durch die Anzahl sowohl,

wohl, als die Ehrwürdigkeit der heiligen Personen, die ihnen vorstanden. Die wichtigste und angesehnste unter allen war der Hierophant, der ganz allein aus dem alten und edlen Geschlecht der Eumolpiden gewählt werden konnte, deren Stammvater, wie einige sagen, die Mysterien selbst gestiftet hatte, oder der wenigstens, nach dem Zeugnisse der meisten Schriftsteller, einer von denen war, denen Ceres die Mysterien mitgetheilet hatte. (Paus. Corinth. p. 57. Hes. εὐμολπίδαι. Clem. Coh. ad Gent. p. 17. Arnob. V. 174. Ed. cit.) Seine Geschäfte waren, bey den kleinen Mysterien den ganzen Haufen der Einzuweihenden in den Eleusinischen Tempel einzuführen, und diejenigen, die genug geprüft waren, in die letzten und großen Geheimnisse einzuweihen. (Diog. VII. 186.) Kleidung, Putz, und persönliche Eigenschaften waren alle so beschaffen, daß sie Ehrerbietung gegen den Hierophanten einflößen mußten. Er mußte wahrscheinlich (Arrian. Diss. III. 21.) das erste jugendliche und männliche Alter zurück gelegt haben, und, wo nicht schön, doch wenigstens ohne alle sichtbare Gebrechen seyn, weil man so gar auf sein Haupthaar und seine Stimme

sah.

sah. In seinem Anzug (sagt Eusebius Praep. Euang. III. 12.) drückte er das Bild des Demiurgs, des obersten Weltschöpfers aus: (wiewohl ich dies für eine Raffinerie späterer Zeiten halte) sein Haupt war mit einem Diadem umwunden, und sein Haupthaar wie ein Kranz geflochten. Er und seine Familie, die Eumolpiden, waren die Hüter und Ausleger ungeschriebener Gesetze, nach welchen gottlose Schänder der Gottheit, und der öffentlichen Religion gerichtet wurden. Diese Gesetze waren so heilig, daß keiner, selbst der nicht, der sie gegeben hatte, sich jemals unterstand, sie abzuschaffen, oder für ungültig zu erklären. (Lys. adu. Andoc. p. 108. Ed. Tayl.) Sein Leben mußte heilig, sein Wandel unsträflich seyn; wenn er einmal gewählt war, durfte er nicht mehr heyrathen. (Paus. p. 57.) Nach dem Scholiast des Persius (ad Sat. V. 145.) mußte er und die übrigen Priester der Ceres sich mit dem Safte von Schierling waschen, dem man eine kühlende und niederschlagende Kraft zutrauete. Origenes (adu. Celsum VII. 729.) sagt so gar, daß er diesen Saft, als ein unfehlbares Mittel gegen alle unreine fleischliche Begierden und Lüste, habe trinken müssen. Ein jeder Hierophant behielt seine Stelle, während daß er lebte: (Paus. l. c.) allein er konnte, so bald er Hierophant geworden war, keiner andern Gottheit, wohl aber dem Staate in den größten öffentlichen Aemtern dienen. (Eunap. in Maximo p. 87. Ed. Plant.)

Auf den Hierophanten folgte, in Ansehung des Ranges und der Würde, unmittelbar der Fackelträger, der κατ' ἐξοχην δαδουχος genennt wurde. Er war das lebende Bild der Sonne, oder trug die symbolischen Attributa dieser Gottheit an sich (Eus. l. c.); sein Haupt war, wie das des Hierophanten, mit einem Diadem umwunden. Eben deswegen fiel ein persischer Soldat vor dem Kallias nieder, weil er ihn seines Hauptschmucks wegen für eine königliche Person hielt. (in Arist. Vita T. II. p. 589. Ed. Steph.) Seine Geschäfte waren: die Einzuweihenden zu reinigen (Suidas in Voce Διος κωδιον) und in der fünften Nacht der Mysterienfeyer, worinn man das Herumirren der Ceres am Aetna vorstellte, alle übrige Fackelträger anzuführen. Auch diese Würde dauerte bis ans Ende des Lebens fort, und hatte für denjeni-

gen,

gen, der sie trug, das Beschwerliche nicht, daß er natürliche Triebe durch Schierling zu ersticken gezwungen wurde. Ein Fackelträger der Eleusinischen Ceres hatte die Freyheit zu heyrathen, wie folgende Stelle aus dem Pausanias beweist. (in Corinth. p. 35.) Ich übergehe, heist es hier, alle übrige Nachkommen des Themistokles, eines Enkels des Perserüberwinders, nur allein die Akestion ausgenommen. Diese hatte das seltene Glück, erst ihren Bruder Sophokles, nachher ihren Mann Themistokles, und, nach dessen Tode, ihren eigenen Sohn in der Würde eines Fackelträgers zu Eleusis zu sehen.

Auf den Fackelträger folgete der Herold oder Ausrufer, ein Wort, das im Deutschen eben so zweydeutig ist, als das ihm entsprechende κηρυξ im Griechischen war. Dieser κηρυξ (Pollux IV. 91.) gebot dem ganzen Haufen der Einzuweihenden eine andächtige Stille, und allen Unheiligen, die die Gesetze von den Mysterien ausschlossen, Flucht und Entfernung. Der ganze Stand der heiligen Ausrufer war dem Mercur heilig, und eben deswegen schmückten sie sich mit den Attributen dieses Gottes aus. (Pollux et Euseb, ll. cc.)

Die zu Eleusis wurden alle, wie die Hierophanten, aus einer einzigen, sehr alten und edlen Familie, nemlich aus der Nachkommenschaft des Kärüx gewählt, welchen einige für den jüngsten Sohn des Eumolpus, die Familie selbst aber für einen Sohn des Mercurs und der Aglaura (Paul. Att. p. 36.), oder wie Pollux sagt (VIII, 22.) der Pandrosa ausgaben. Auch nach dem Aristides wurden die Fackelträger aus derselbigen Familie genommen. (Tom. I. p. 257.)

Der vierte und letzte männliche Bediente bey den Mysterien war der Altardiener, oder Altarwärter (ὁ ἐπιβωμιος). Diese Bedienung muß die unwichtigste unter allen gewesen seyn, weil die alten Schriftsteller uns gar keine Nachrichten über ihre Pflichten und Geschäfte hinterlassen haben. Eusebius sagt blos, in der schon mehrmalen angeführten Stelle, daß er, der Altardiener, das Bild des Mondes an sich getragen, oder die charakteristischen Eigenschaften dieser Gottheit durch symbolische Zeichen ausgedruckt habe.

Ausser diesen, entweder zur Einweihung selbst, oder zur Verrichtung von Opfern und andern Feyerlichkeiten bestimmten Personen, hatte

hatte noch einer von den Archonten, der den Titel βασιλευς, oder König führte, den Auftrag, alle Unordnung während der Feyer der Mysterien zu verhüten, und sie nach deren Endigung zu bestrafen. (Pollux VIII. 90.) Er opferte im Namen des ganzen Volks, legte dessen Wünsche und Bitten den Göttern vor (Lys. adu. And. p. 105.) und geboth allen Unheiligen, die mit schweren Verbrechen behaftet waren, weswegen sie an Festen und gottesdienstlichen Handlungen keinen Theil nehmen durften, sich von den Mysterien zu entfernen (Pollux l. c.), hielt nach dem Schlusse der Mysterien in einem Tempel zu Athen, der Eleusinion hieß, Gericht über alle Verbrechen, wodurch die Feyer und Heiligkeit der Mysterien gestöhrt worden war, (Andocides in Orat. de Mysteriis p. 15. coll. Rhet. Graec. Ed. Steph. 1575.) und hatte in diesem Geschäfte vier Gehülfen, oder Beysitzer, die von dem Volke gewählt wurden, und den Titel επιμεληται führten. Einer dieser Beysitzer wurde aus dem Geschlechte der Eumolpiden; ein anderer aus dem Geschlecht des Kärux, und die beyden übrigen aus der Zahl der gemeinen Athieniensischen Bürger gewählt.

wählt. (Etym. Mag. ἐπιμελητης των μυστηριων).

Am allerwenigsten wissen wir von der Anzahl, dem Range, und den Verrichtungen der Priesterinnen, die an dem Tempel der Ceres zu Eleusis bestellt, und bey den Mysterien gebraucht wurden. Daß es dergleichen gegeben habe, daran lassen uns mehrere Stellen der Alten gar nicht zweifeln. Porphyr (de Antr. Nymph. c. 18.) sagt, daß die Priesterinnen der Ceres μελισσαι, Bienen genennt würden; und Pollux (VIII. 90.) giebt einer den Titel der Königin (βασιλισσα), die die Gemahlin desjenigen Archonten war, der über die Mysterien die Aufsicht führte. Diese Priesterkönigin *) (Demosth. adv. Neaeram

*) In den ältesten Zeiten, sagt Demosthenes, als Athen von einem einzigen Beherrscher regiert wurde, verrichtete der König allein alle Opfer im Namen des ganzen Volks, und seine Gemahlin die unaussprechlichen geheimen Feyerlichkeiten, die damit verbunden waren. Nachdem aber Theseus die demokratische Regierungsform eingeführet hatte, wählte das Volk selbst aus den verdienstvollsten Männern den König der Mysterien, und gab

Neaeram p. 527. Ed. Bas. 1572.) muste eine Athenienssische Bürgerinn, und konnte dabey verheyrathet seyn; allein man verlangte auch, daß sie als eine unbefleckte Jungfrau zu ihrem Gemahl gekommen sey, und während ihres Ehestandes nicht den geringsten Anlaß zum gegründeten Verdacht von Untreue gegeben habe. Nach dem Suidas (Φιλλειδαι) wurde sie *) stets aus dem Geschlechte der

gab ein Gesetz, daß seine Gemahlin eine unbefleckte Atheniensische Bürgerin seyn müsse, damit sie auf eine den Göttern wohlgefällige Art sowohl Opfer als andere Gebräuche verrichten könne, und in dem Dienste der Gottheiten eben so wenig etwas erneuert, als abgeschafft würde. Dieses Gesetz wurde einer steinernen Säule eingegraben, die in dem Tempel des Bacchus nahe am Altar stand.

*) Φιλλειδαι· γενος εστιν Αθηνησιν, εκ δε τουτων ἡ ἱερεια της Δημητρος και κορης, ἡ μυουσα τους μυστας εν Ελευσινι. Nach dieser Stelle opferte sie nicht blos, sondern war auch bey der Einweihung selbst gegenwärtig, und geschäftig. Ich begreife übrigens nicht (wenn anders Demosthenes und Suidas von derselbigen Person reden), wie man verlan-

der Philiden gewählt; Pausanias hingegen sagt, daß die Besorgung der Mysterien ursprünglich dem Eumolpus, und den Töchtern des Keleus, aufgetragen worden, deren Namen auch genennt werden. (Paus. in Atticis. p. 36.)

Die große Anzahl von angesehenen Personen beyderley Geschlechts, die den Mysterien vorstanden, und entweder aus den edelsten ältesten Häusern gewählt, oder auch mit dem Staate aufs genaueste verbunden waren, giebt uns die wichtigsten Merkmale her, wodurch die Eleusinischen Mysterien sich von allen übrigen Geheimnissen unterscheiden, deren

verlangen konnte, daß die Priesterinn der Ceres stets aus dem Geschlechte der Philliden seyn müßte, da doch die Gemahlin des Archonten, der den Titel König führte, unverzüglich zur Würde einer Königin gelangte, und der Archont selbst durch die freye Wahl des Volks zum König ernannt wurde. Entweder mußten alle Archonten ihre Frauen aus dem Stamm der Philliden wählen, oder nur diejenigen Archonten konnten Könige werden, die sich mit Töchtern der Philliden vermählt hatten.

ren Bedienten weniger zahlreich, angesehen und edel waren.

Ueber die Stifterin, oder den Stifter der Mysterien zu Eleusis sind die Griechischen Schriftsteller gar nicht einig. Tertullian (in Apol. c. 21.) giebt den Musäus; Epiphanius (Adv. Haer. I. p. 11.) hingegen den Cadmus und Jmachus als ihre Erfinder an: allein beyde verdienen wegen ihrer eingeschränkten, und noch dazu sehr unzuverläßigen historischen Kenntnisse wenig Aufmerksamkeit, am wenigsten der Letztere, der an derselbigen Stelle sagt, daß Orpheus, Pythagoras, und so gar Epikur ihre Weisheit und Systeme aus den Mysterien geschöpft, und unter den Griechen nachher verbreitet hätten. Nach dem Zeugniß des Clemens von Alexandrien (Coh. adv. Gent. S. 12.) gaben viele den Melampus, einen Aegyptier, andere aber nach dem Scholiasten des Sophokles (ad Oed. Col. fol. 137. Ed. Graec. 1547.) einen gewissen Eumolpus, ungewiß aber welchen, für ihren ersten Stifter, und für den ersten Hierophanten aus. Einige stimmten für den ältesten Eumolpus, und ersten dieses Namens, einen Thracier; andere für den Sohn der Deiope,

einer

einer Tochter des Triptolemus; und noch andere für den fünften Abkömmling des Thracischen Eumolpus, oder den Sohn des Musäus. Die Aegyptischen Priester stimmten zwar darin überein, daß die Eleusinischen Mysterien aus Aegypten abstammten; allein sie blieben sich in der Angabe derjenigen Personen nicht gleich, die die Mysterien aus ihrem Vaterlande nach Griechenland übergetragen haben sollten. Sie nannten bald den Erechteus, und erzählten, daß einstens eine allgemeine Dürre die Früchte der Erde in allen Ländern verwüstet, und allenthalben eine schreckliche Hungersnoth nach sich gezogen habe, Aegypten allein ausgenommen, wo die segenreichen Ueberschwemmungen des Nils den mangelnden Regen ersetzt, und Mißwachs sowohl als Hungersnoth verhütet hatten, daß ferner einer ihrer Landsleute Erechteus, durch Mitleiden mit seinen Blutsverwandten in Attica bewogen, eine große Menge Getraydes aus Aegypten nach Athen gebracht habe, und für diese große Wohlthat von den dankbaren Atheniensern zum Beherrscher erwählt worden sey; daß er endlich, als König, nach dem Muster der Aegyptischen Mysterien die Geheimnisse zu

Eleusis

Eleusis eingesetzt habe. (Diod. I. p. 34. Ed. Wessel.) — Bald aber, erzählten die Egyptischen Priester, daß Orpheus derjenige gewesen sey, der die meisten, bey den Mysterien gewöhnlichen Gebräuche aus Egypten in Griechenland eingeführt, und zugleich die Lehre von den Wohnungen und Schicksalen abgeschiedener Seelen aus Egypten nach Griechenland übergetragen habe. (p. 107.) Zu den Zeiten des Pausanias war unter den Griechen eine alte Sage, daß Orpheus deswegen vom Jupiter selbst durch einen Blitzstrahl getödet worden wäre, weil er in den Mysterien Lehren bekannt gemacht hätte, von denen die Menschen vorher gar nichts wußten, und gehöret hatten. (Paus. in Baeot. p. 304.)

Die meisten ältesten und zuverläßigsten Schriftsteller sagen, daß die Göttin Ceres selbst die Mysterien zu Eleusis eingesetzt habe, oder daß die Athenienser wenigstens die Einsetzung der Geheimnisse durch die Ceres geglaubt hätten. Die Göttin Ceres suchte die vom Pluto geraubte Tochter (so sagte eine heilige Ueberlieferung) in allen Ländern und Meeren, und langte auf ihren fruchtlosen Wanderungen endlich zu Eleusis in Attika an-

(Isocrat. Panegyr. p. 132. I. Ed. Bealtie. Lond. 1749.) Hier wurde sie von einigen Einwohnern so freundlich empfangen, und mit so vielen Wohlthaten, die nur in den Mysterien geoffenbaret werden durfen, überhäuft, daß sie ihren freundlichen Wirthen ein doppeltes Geschenk, den Getraidebau, und die Mysterien mittheilte. Fast mit eben den Umständen erzählt Aristides die Stiftung der Geheimnisse. (I. p. 257.) Beyder Zeugnisse werden durch ein Homersches Fragment bestätigt, was Pausanias uns aus einem Lobgesang auf die Ceres gerettet hat, und in welchem zugleich die Namen derer genannt werden, die die Göttin selbst, und zuerst in den Mysterien unterrichtete: (in Corinth. p. 87.)

Δειξεν Τριπτολεμῳ τε, Διοκλει τε Πληξιππῳ,
Ευμολπȣ τε βιῃ, Κελεῳ δ' ἡγητορι λαων.
Δρησμοσυνην ἱερων, και επεφραδεν οργια πασιν.

Aristides nennt außer dem Triptolemus noch einen Keleus, und eine Metaneira, sagt aber von den übrigen ersten Jüngern der Mysterien, die Homer anführt, nichts. — Clemens von Alexandrien (Coh. ad. Gentes p. 16. 17.) weicht in mehrern Puncten von den vorhergehenden Schriftstellern ab, ist aber in

der

der Angabe der Ursachen, die die Ceres zur Stiftung der Mysterien bewogen haben sollen, sehr freymüthig. — Ceres kam nach einem langen und vergeblichen Suchen ihrer Tochter zu Eleusis an, und setzte sich gleich ermüdet und niedergeschlagen an einem Brunnen nieder. Die Gegend um Eleusis wurde damals von mehrern im Lande selbst gebohrnen Menschen bewohnt, deren Namen Baubo, Dysaules, Triptolemus, Eumolpus und Eubuleus waren *). Baubo empfieng die erschöpfte Göttin auf das gastfreundlichste, und reichte ihr einen Becher zur Labung, den die Göttin aber vor tiefer Betrübniß ausschlug. Hiedurch wurde die beleidigte Eitelkeit der guten Wirthin bis zu einem solchen Grade rege gemacht, daß sie sich vorsetzte, die Göttin, es koste auch was es wolle, aufzuheitern, und zum ausgeschlagenen Trunk zu bewegen. Ein unerwarteter Spas, glaubte sie, würde unter den gegenwärtigen Umständen die beste Wirkung

*) Arnobius (adu. Gentes V. 174. 175.) stimmt in den Namen der Personen sowohl, als in den übrigen Umständen der Mysterienstiftung aufs genaueste mit dem Clemens überein.

kung thun, und sie entblößte daher auf einmal vor der noch immer in ihren Kummer versunkenen Göttin Theile, an denen Ceres nothwendig erkennen mußte, daß Baubo mit ihr von einerley Geschlecht war. Dieser kühne Streich gelang über alle Erwartung; der trübe Ernst der Göttin löste sich in ein gefälliges Lächeln auf; — und die Göttin theilte nach Linderung ihres Seelenschmerzes die Mysterien mit. Clemens führt einige Orphische Verse an, in denen dieser lustige Vorfall besungen wird, und sagt zugleich, daß zum Andenken der Becher bis auf seine Zeiten zu dem mystischen Geräthe der Eleusinischen Geheimnisse gehöre.

Die Sicilianischen Ueberlieferungen, die Diodor (Lib. V. p. 333. und 386.) anführt, und die wiedrum mit einander nicht genau übereinstimmen, weichen in mehrern Punkten von den heiligen Sagen der Athenienser ab. Diesen zu Folge hatte Ceres die Kunst, Getraide, besonders Waitzen zu bauen, und zu erhalten, zu allererst die Sicilianer, und nach ihnen die Athenienser gelehrt, von denen sie auf ihrer Wanderschaft am freundlichsten war aufgenommen worden. Außer diesem wichti-

gen

nen Geschenke habe Ceres den Athenienfern und Sicilianern heilsame Gesetze gegeben, wodurch sie aus dem traurigen Zustande einer unbändigen Wildheit herausgerissen worden; und eben deswegen wurde sie von beyden Völkern, als eine göttliche Gesetzgeberin unter dem Namen θεσμοφορος verehrt.

Wenn der Name des Stifters, oder der Stifterin der Mysterien, auch gewisser wäre, als er nach den bisherd gesammleten Nachrichten angenommen werden kann; so würde man doch deswegen schwerlich im Stande seyn, aus einem so hohen und rohen Alterthume, in welchem der Ackerbau zuerst erfunden, oder eingeführt wurde, das Jahr der Einsetzung der Mysterien genau zu bestimmen. Clemens (Strom. I. p. 381.) sagt, daß zu den Zeiten des Lynkeus die Mysterien eingesetzt, und der Tempel zu Eleusis erbauet worden; allein, wenn in dieser Nachricht auch keine Unwahrscheinlichkeiten enthalten wären, die sich leicht zeigen liessen; so würde man mit diesem Dato allein bey der ungewissen Zeitrechnung des Lynkeus doch nicht weit kommen können. Ein Oxfurter Marmor (Marm. Oxon. Edit. Chandl. II. p. 21.) führt die Mittheilung der

 Myste-

Mysterien durch die Ceres unter der Regierung des Erechtheus an, und Lami (in der Note zum ersten Kap. der Eleus. von Meursius Opp. Meurs. II. 547. S,) setzt aus der darauf befindlichen unvollständigen Inschrift ihre Erfindung in das Jahr 1399 vor Christi Geburth; allein ich möchte für die Richtigkeit dieser Zahl nicht stehen, oder den Beweis davon übernehmen.

So ungewiß aber auch immer die Stifter der Mysterien, und das Jahr ihrer Entstehung seyn mögen, so wahrscheinlich ist es, daß sie in demjenigen Zeitalter sich in ihrer ursprünglichen einfältigen Gestalt zeigten, in welchem die Bewohner von Attika aus Jägern zu Ackerleuten wurden, und den gesetzlosen unsteten Aufenthalt in Wäldern gegen die festen, und durch, vorher unbekannte, Gesetze sichere Wohnungen des Landmannes vertauschten; so gewiß ist es ferner, daß die Mysterien zu Eleusis, die ältesten in Griechenland, und wegen dieses höchsten Alters die ehrwürdigsten waren; (v. Diod. 333. II. et Arist. l. mox. cit.) daß endlich diese heiligen Einrichtungen der Ceres und Proserpina gewidmet waren, die man beyde in ganz Grie-

chenland

chenland als die Erfinderinnen der Früchte, und die ersten Gesetzgeberinnen des Menschengeschlechts verehrte. Lächerlich wäre es zu glauben, daß die Mysterien bey ihrer ersten Entstehung das waren, was sie nachher in den besten Zeiten der Griechischen Aufklärung wurden; daß sie anfangs so viele Zwecke erreichten, so viele Personen und Maschinen brauchten, als in spätern Zeiten. Die Mysterien gewonnen unter allen Theilen und Einrichtungen der Griechischen Religion am meisten durch Philosophie und Aufklärung; vorzüglich in den Gegenden Griechenlands, wo Weltweisheit und Cultur am blühendesten waren; sie mußten daher nothwendig in den Zeiten, als die Menschen eben aus dem Zustande einer gesetzlosen Wildheit herauszugehen anfingen, eben so einfach seyn, als die Völker roh waren.

Ich wage es nicht, ganz entscheidend die wahre Gestalten der ältesten Mysterien zu bestimmen; allein ich kann doch auch nicht umhin, einige Vermuthungen hierüber mitzutheilen, die durch die Zeugnisse der besten Griechischen und Römischen Schriftsteller, und durch ähnliche Erscheinungen bey andern Völ-

 kern

kern bestätiget werden. Wahrscheinlich also waren die Mysterien ursprünglich ein National-Dank- und Erndtefest, zu dem in den ältesten Zeiten allein Athenienser, nachher aber auch andere Griechen zugelassen wurden; an welchem alle der Göttin Ceres nicht nur für die Erfindung der Früchte und Gesetze, sondern auch für die gesegnete Erndte eines jeden Jahrs dankten, an welchem sie sich ferner ihres ehemaligen Zustandes erinnerten, und ihres gegenwärtigen in allerhand Spielen und Leibesübungen freueten, an welchem sie endlich alte Feindschaften tilgten, neue errichteten oder allgemeine Gesetze und Unternehmungen verabredeten. Mysterien also waren in den ältesten Zeiten, wenn ich anders nicht ganz unglücklich rathe, Nationalversammlungen, allgemeine Freuden- und Opferfeste, die mehrere Tage daurten, und unter freyem Himmel begangen wurden, weil man in den Zeiten, wo sie entstanden, wahrscheinlich noch keine Tempel bauete, die eine so große Menge Volks, als dahin zusammen kamen, fassen konnten.

Mit Recht (sagt Isokrates in Paneg. K. p. 139. 140.) werden diejenigen hochgepriesen, die

die unter unsern Vorfahren die allgemeinen festlichen Zusammenkünfte eingeführt haben, damit an ihnen neue Bündnisse und Freundschaften geschlossen und eingewurzelte Feindseligkeiten aufgehoben würden, damit man sich ehemaliger Verwandschaften erinnern, alte Gastfreundschaften erneuern, mit gegenseitigen brüderlichen Gesinnungen erfüllt werden möchte, damit endlich allen Arten von Talenten und Geschicklichkeiten Gelegenheit verschafft würde, im Angesicht eines ganzen versammleten Volks zu glänzen. Isokrates redet von den Zwecken aller allgemeinen Volksversammlungen, unter denen die Feyer der Mysterien eine der allerwichtigsten war. Cicero schränkt sich in beyden folgenden Stellen allein auf die Eleusinischen Geheimnisse ein, und bestätigt, so viel ich sehe, meine Vermuthung über die älteste Beschaffenheit derselben. Dein Athen (sagt er zum Atticus de Leg. II. 14.) hat viele herrliche Einrichtungen und Erfindungen gemacht, aber keine die den Vorzug vor den Mysterien verdiente, wodurch wir aus der rohesten Wildheit zur sanften Menschlichkeit gemildert, und aus dem gesetzlosen Leben zur bürgerlichen Gesellschaft aus-

 gebil-

gebildet worden: initiaque, vt appellantur (diese Worte lassen sich nicht gut übersetzen) ita re vera principia vitae cognouimus. Und dich (heist es Orat. in Verrem V. c. 72.) rufe ich an, Ceres, und deine göttliche Tochter, deren Dienst nach dem allgemeinen Glauben der Völker aus den ehrwürdigsten, heiligsten, und geheimnißvollsten Gebräuchen besteht, von denen die Erstlinge der Früchte, die Anfange eines wahren menschlichen Lebens, Muster von Gesetzen, Sitten und sanfter Menschlichkeit allen Völkern gezeigt, und in allen Ländern verbreitet worden. — Mit beyden stimmt Phurnutus genau überein, der am Ende des neun und zwanzigsten Abschnitts (de Nat. Deor. de Vesta et Cerere) sagt: Auch haben die Menschen angefangen, ihr Mysterien zu feyern, weil sie sich in großen Zusammenkünften freuen, und gemeinschaftlich erinnern wollten, daß sie durch die Wohlthaten der Göttin aufgehört hätten, über die zum Unterhalt des Lebens nothwendigen Sachen zu streiten.

Wenn man mit den jetzt angeführten Zeugnissen, die der Ceres und Proserpina in Sicilien gefeyerten Feste, die selbst weiter nichts

nichts als Freuden- und Dankfeste waren (Diod. ll. cc.) vergleicht, wenn man bedenkt, daß die Mysterien in einem Herbstmonathe gefeyert, (Meurs. Eleus. c. 6.) daß endlich die Heldenspiele und ritterlichen Uebungen, die die Mysterien zu Eleusis begleiteten, für die ältesten in Griechenland gehalten wurden; (Arist. I. 257.) so kann man es, glaube ich, als nicht sehr unwahrscheinlich annehmen, daß Freudengesänge, Dankopfer *), Spiele, und Processionen, die nachher nur Nebenwerk und Verzierungen der Mysterien wurden, anfänglich die Hauptabsicht, und den Hauptgegenstand derselbigen ausmachten.

Wenn

*) Die Athenienser waren an diesem Feste nicht dankbarer gegen die Ceres, als alle Griechische Staaten gegen Athen waren. Ceres wurde freylich als die Erfinderin der Früchte von den Atheniensern angebethet; aber Athen wurde von den übrigen griechischen Staaten, als die Mittheilerin des großen Geschenks der Ceres verehrt. So wie also die Athenienser der Göttin selbst die Erstlinge ihrer Früchte als ein Opfer darbrachten; so sanden die übrigen Städte von Griechenland zum Zeichen ihrer Dankbarkeit, bis auf die Zeiten des Isokra-

Wenn die Mysterien nicht von einer ganz andern Einrichtung ausgiengen, als sie nachher wurden, wenn sie nicht anfangs eine ganz andere Gestalt hatten, als sie nachher erhielten; so ist ihre Entstehung, meiner Meynung nach, nicht nur unerklärlich, sondern ganz unbegreiflich. Zur Feyer der Mysterien wurde ein groser bedeckter und eingeschlossener Platz, oder Tempel erfordert, dergleichen die Athenienser in den ältesten Zeiten weder haben konnten noch wollten. Zu ihrer Feyer waren eine Menge heiliger Personen beyderley Geschlechts, selbst eine der ersten Magistratspersonen nothwendig, die sich alle ohne eine ganz angerichtete Religion, ohne Einsetzung von [illegible]

Isokrates und Aristides die Erstlinge ihrer Erde nach Athen ab. (Isocr. Paneg. I. p. 133. Arist. I. 257.) Die Pythia zu Delphi (sagt der Erstere) wachte darüber, daß alle übrige Staaten von Griechenland ihrer gemeinschaftlichen Wohlthäterin, Athen, in jedem Jahre die gebührende Ehrerbietung und Dankbarkeit bezeugten, und wenn daher einer oder der andere nachläßig würde, so übernahm sie es, ihn an die Leistung seiner kindlichen Pflicht zu erinnern.

von Priesterorden, ohne Städte nicht denken lassen. Endlich zeigte man in den kleinern und lehrte in den großen Mysterien so viele Dinge, die gewiß außer den Gränzen der Kenntnisse jener rohen Zeitalter lagen, von denen weder Priester noch Gesetzgeber in den damaligen Zeiten etwas wissen konnten.

Wahrscheinlich lag aber der Keim der Entwickelung, lagen die Veranlassungen zu den eigentlichen Mysterien in den ersten Anfängen dieser Feyerlichkeit, wo sie den Sicilianischen der Ceres heiligen Festen so ähnlich waren. Die bis auf die letzten Zeiten der Griechen fort dauernde Gewohnheit, daß die wichtigsten Priester und Priesterinnen der Ceres stets aus gewissen Familien genommen wurden, läßt vermuthen, daß auch in den ältesten Zeiten einzelne Personen eben dieser ehrwürdigen Geschlechter (die vielleicht die Kunst des Ackerbaues zuerst getrieben hatten) an den allgemeinen Dankfesten opferten, bey den Spielen die Oberaufsicht hatten, und zugleich das Volk in Ordnung hielten. Die Feyerlichkeit und Dauer des Festes, das neun Tage in spätern Zeiten anhielt, macht es wahrscheinlich, daß man vielleicht schon von dessen er-

ster

ster Einsetzung an, die interessantesten Thaten und Begebenheiten der Ceres sowohl, als ihrer Tochter bey Tage und bey Nacht, eben wie in den Orgien des Bacchus, vorgestellt habe. Allein wie aus diesen unförmlichen Farcen allmälig wahre Mysterien sich gebildet, wie die nächtlichen Mysterien von den Feyerlichkeiten des Tages ganz abgesondert, und immer mehrere und heilsamere Absichten dadurch erreicht worden, wie und wann man Priester und Priesterinnen eingesetzt, und deren Geschäfte vertheilt, warum man endlich die kleinen und großen Mysterien von einander geschieden habe! darüber läßt sich nichts, wenigstens nichts bestimmtes und befriedigendes sagen. Diese Reihe von Veränderungen kann die reichste Einbildungskraft, und wann ihr auch die Geschichte und Muster aller übrigen Religionen zu Gebote stünden, weder ergänzen, noch herstellen.

Die meisten Schriftsteller setzen, wenn sie von Mysterien reden, gar nicht hinzu, ob sie jetzt von den kleinen oder großen reden, weil sie für Griechen schrieben, die solcher Erinnerungen nicht bedurften, und gar nicht daran dachten, daß ihre Schriften die heiligen Mysterien

sterien ihres Volks überleben, und nach Jahrtausenden in die Hände neugieriger Ungriechen fallen würden, die auch an solchen Stellen, wo sie ihrem Zeitalter verständlich waren, Lehrer, Führer und Ausleger nöthig hätten. Andere unterscheiden zwar kleine und große Mysterien, aber diese, scheint es, reden von ihnen nicht auf einerley Art, und verwechseln das, was sie unterscheiden wollten. Einige der unzuverläßigsten Scholiasten und jüngsten Geschichtschreiber geben die Zeit, wann kleine und große Mysterien von einander abgesondert worden, und die Veranlassungen dazu, an; allein auch diese widersprechen sich in ihren Zeugnissen, und sind ausserdem unwiderleglichen Einwürfen und Schwierigkeiten ausgesetzt. Der Unterschied der kleinen, und großer Mysterien, und die Zeit, wenn er eingeführet worden, macht den dunkelsten und schwierigsten Theil ihrer ganzen Geschichte aus.

Die meisten Schriftsteller sagen, daß die Abtheilung der Mysterien, in kleine und große, zu den Zeiten des Herkules zuerst eingeführet worden sey. Als dieser Held nach Athen kam, und in die Mysterien eingeweihet zu werden

verlang-

verlangte, war es noch Gesetz, daß kein fremder Grieche zu den Mysterien zugelassen werden durfte. Um aber doch den Herkules, den die Athenienser eben so sehr fürchteten, als dankbar verehrten, nicht zu beleidigen, und sich auch keiner Uebertretung eines alten heiligen Gesetzes schuldig zu machen, setzte man zuerst die kleinen Mysterien ein, mit denen Herkules sich befriedigen mußte. (Diod. IV. 260. Tzetzes in Lyc. 1327. Schol. Arist. Plut. 846. et 1014. Schol. Hom. Il. Θ ad vers. 368.) Diodor sagt, daß Ceres selbst, der Scholiast des Homers, daß Eumolp, und der Scholiast des Aristophanes, daß die Athenienser die kleinen Mysterien dem Herkules zu Gefallen eingeführt hätten; alle aber stimmen darin überein, daß Herkules zu Eleusis in die kleinen Mysterien eingeweihet worden.

Diesen Erzählungen von der Gründung der kleinen Mysterien, und dem Orte ihrer Stiftung widersprechen andere Schriftsteller. Plutarch (in Thes. 26.) Apollodor (II. 5. et 12.) und selbst Diodor (IV. 271. S.) sagen, daß Herkules in die großen Mysterien zu Eleusis eingeweiht worden. Ein Glück, das, wenn es dem Herkules zugestanden werden konnte, die Athenienser der Mühe überhob, neue Mysterien für diesen göttlichen Fremdling zu erfinden! — So bezeugen andere Schriftsteller, daß die kleinen Mysterien nicht in Eleusis, sondern, wie der Scholiast des Aristoteles (ad Ran. 504. v.) sagt, zu Melite, und nach dem Stephanus und Eustathius ad Iliad. β. zu Agra oder Agrä nicht weit vom Ilyßus, gestiftet, und in der Folge auch immer gefeyert worden: doch redet der Letzte nur zweifelnd.

Nachdem ich jetzo die sich widersprechenden Zeugnisse der Alten über die Zeit und Veranlassung der Stiftung der kleinen Mysterien, und den Ort, wo sie gefeyert worden, angeführt habe; so will ich jetzt einige Gedanken über die Zuverläßigkeit dieser Stellen, und die Wahrscheinlichkeit der darinn enthaltenen Nachrichten hinzufügen.

Es ist ganz unglaublich, daß die Athenienser für den Herkules, den sie als Held fürchteten, und als Sohn Jupiters, und ihren Wohlthäter verehrten, neue Mysterien erfunden haben sollten, um nicht gezwungen zu seyn, ihn in die alten wahren Mysterien einzuweihen. Sie konnten gar nicht erwarten, daß ein solches hinterlistiges Verfahren dem

Göttersohn verborgen bleiben würde; und in diesem Fall der Entdeckung mußte er eine solche Vereitlung seiner Wünsche mit größerm Unwillen, als eine abschlägliche Antwort aufnehmen, weil man seiner Frömmigkeit auf eine heuchlerische Art gespottet hatte. Wenn aber auch für den Herkules neue Geheimnisse erfunden wurden; so konnten es nicht die kleinen, so mußten es die großen seyn. Die Kleinen waren, wie ich bald zeigen werde, für den Pöbel; in ihnen sah man allerhand Auftritte, hörte man Stimmen, u. s. w.; die Großen hingegen waren für Gesetzgeber, Helden, Staatsmänner, und in ihnen empfieng man wirklichen Unterricht. Die Kleinen mußten nothwendig zu Herkules und Theseus Zeiten schon lange erfunden seyn; wenigstens konnten die Großen weder vor, noch nach dem Herkules allen Einzuweihenden mitgetheilt werden. — Aus diesen Gründen halte ich es nicht für zu gewagt, wenn ich die Nachricht für ein Mährchen erkläre: daß Herkules zu erst in die kleinen Mysterien eingeweihet worden, um zu den Großen nicht zugelassen zu werden.

Noch

Noch viel unwahrscheinlicher ist es, daß die kleinen Mysterien zu Melite, oder zu Agrä am Ilyssus gefeyert worden. Die Schriftsteller, die dieses Letztere bezeugen, sind nicht nur klein an Zahl, und sehr jung, sondern werden auch an den zugleich angezeigten ältern, wie von allen andern, die nur von den Mysterien reden, widerlegt. Fast alle Griechen und Römer, wann sie von Mysterien schlechtweg reden, verstehen die Kleinen, die zwar in Ansehung dessen, was in ihnen vorgetragen wurde, die Kleinen waren; aber übrigens in der Feyerlichkeit, und der Menge der Eingeweihten die Großen weit übertrafen. Bey diesen so genannten kleinen Mysterien mußten alle der Ceres und dem Tempel zu Eleusis geweihte Personen ihre wichtigsten Geschäfte verrichten: ihrentwegen war der große, so viele Tausende von Menschen fassende Tempel zu Eleusis gebaut; an den Tagen, wenn sie gefeyert wurden, wurden von Athen nach Eleusis Processionen gehalten, die an Feyerlichkeit, und Anzahl andächtiger Pilgrime allein nur von einigen Egyptischen übertroffen wurden. Sie konnten daher unmöglich anders als zu Eleusis

 gefeyert

gefeyert werden. Der Grund des Irrthums aber, wodurch die genannten neuern Schriftsteller die kleinen Mysterien von Eleusis nach Melite oder Agrä an den Ilyssus versetzt haben, liegt wahrscheinlich darin, daß sie die Vorbereitungen und Reinigungen, die vor den kleinen Mysterien voraus giengen, (καθαρσιν, προμυησιν, προτελειαν, προκαθαρσιν, προαγνευσιν) mit den kleinen Mysterien selbst verwechselt haben.

Ehe man nemlich in die kleinen Mysterien eingeweiht wurde, mußte man allerhand Andachtsübungen, heilige Gebräuche, und bedeutungsvolle Handlungen vornehmen, und mit sich vornehmen lassen, um sich dadurch zu den kleinen Mysterien eben so vorzubereiten, als man durch die kleinen Mysterien wieder zu den großen vorbereitet wurde. Hierüber sind alle Schriftsteller mit einander einig. Den Anfang der Mysterlen, sagt Clemens (V. 689. Strom.) macht man mit den Reinigungen der Einzuweihenden, (καθαρσιοις,) die bey den Griechen eben das, was bey den Barbarn die Abwaschungen (λουτρα) des Körpers sind. Eben dies versichert er

VII.

VII. S. 845. und hat sowohl den Theon Smyrnäus (Math. p. 18. Ed. Bullialdi) als den Proclus (in Theol. Plat. IV. 26.) zu Zeugen, wovon der erste die Reinigung die erste Stufe der Einweihung nennt, und der andere sagt, daß die Reinigung, die bey ihm τελετη heist, eben so vor der Einweihung in die kleinen Mysterien (μυησις) vorher gehe, wie diese wiedrum vor der Einweihung in die großen Geheimnisse (εποπτεια) hergieng.

Die ganze Reihe von Handlungen und Gebräuchen, die die erste Stufe der Einweihung, oder die Reinigung ausmachten, war auf die weiseste Art darauf eingerichtet, die Einzuweihenden wenigstens auf eine Zeitlang von der Welt, deren Geschäften und Freuden abzuziehen, und mächtige Sinnesänderung, warme Andacht, und die sehnsuchtsvollste Erwartung der in den Mysterien mitzutheilenden Offenbarungen hervorzubringen. Die Einzuweihenden wurden (Polyae. Lib. V. c. 17.) an den mystischen Ufern des Ilyssus mit dessen heiligem Wasser besprengt; und während dieser Besprengung, oder Abwaschung, durften sie nicht einmal die Erde mit

mit ihren Füßen berühren. Sie stünden auf heiligen Fellen, die ihnen von demjenigen, der die Besprengung verrichtete, und ὑδρανος hieß, untergelegt wurden. (Suidas Διος κωδιον et Hesych. in ὑδρανος.) Ihr Haupt war mit Blumen bekränzt, die man (Hes.) ἱμερα, oder ἰσμερα nannte. Sie mußten ferner (Arrian. III. 21.) opfern, beten, enthaltsam seyn, und ihre Seele zur Empfängniß solcher Heiligthümer, als die Mysterien enthielten, auf eine würdige Art vorbereiten. Die Opferthiere wären trächtige Schweine (Phurn. in Cerere l. c.) die deswegen von griechischen und lateinischen Dichtern (Tibull. I. El. XI.) mystische Thiere genannt werden. Bey der Angabe der Ursachen, warum Schweine vor allen übrigen Thieren der Ceres geopfert worden, sind die alten Schriftsteller sich gerade entgegen gesetzt. Phurnutus sagt: Schweine wären geopfert worden, weil sie fruchtbar wären, und so leicht empfiengen. Aelian hingegen (Hist. Anim. X. c. XVII.) versichert, daß man sie als Feindinnen der Ceres, die ihre Saaten verwüsteten, geschlachtet habe. — Ungewiß aber ist es, ob die Einzuweihenden gegeißelt wurden, wie in den Mysterien

sterien, die die Pheneater der Ceres feyerten, und nach deren Aussage mit den Eleusinischen genau übereinstimmen sollten. (Pauf. Arc. 249.) Ungewiß ist es ferner, ob man vor der Einweihung in die Eleusinischen Geheimnisse beichten mußte, wie man in den samothracischen Mysterien (Plut, Apoph. Lac. p. 384. T. I.) von dem Antalcidas verlangte. Das Letztere kann man bey den kleinen Eleusinischen Geheimnissen fast mit Gewißheit verneinen, weil der Einzuweihenden zu viel, und der Vorsteher der Mysterien zu wenig waren, als daß jene ihre Thaten während der Feyer der Mysterien hätten erzählen, und diese sie hätten anhören können.

Ohne diese Voreinweihung, war es nicht erlaubt, an den Mysterien Theil zu nehmen, oder in den Tempel der Eleusinischen Ceres einzugehen. Die Athenienser straften ein Paar akarnensische Jünglinge, die ohne vorhergegangene Reinigung mit dem übrigen Haufen zu den Mysterien sich zugedrängt hatten, mit dem Tode, ungeachtet man sich überzeugt hatte, daß sie blos aus Unwissenheit, und ohne Vorsatz ein allen Einzuweihenden vor-

geschriebenes Gesetz übertreten hatten. (Liv. 31. c. 14. *)

Um aber sowohl zur Reinigung, als zur Einweihung in die Mysterien zugelassen zu werden, mußte man in den ältesten Zeiten, blos Grieche, und zu Ciceros Zeiten nur von der Schuld gewisser Verbrechen, und dem Vorwurf der Gottlosigkeit frey seyn. Alle Schriftsteller, welche sagen, daß für den Herkules die kleinen Mysterien erfunden worden, sagen auch, daß er der erste Fremdling gewesen sey, der in die Eleusinischen Mysterien eingeweiht worden, ein Vorzug, den man kurz nachher dem Kastor und Pollux zugestanden habe. Von andern Schriftstellern, die

*) Contraxerunt autem sibi cum Philippo bellum Athenienses haud perquam digna causa: dum ex vetere fortuna nihil praeter animos seruant. Acarnanes duo iuuenes per *Initiorum* dies non *initiati* templum Cereris, imprudentes religionis, cum caetera turba ingressi sunt. Facile eos sermo prodidit, absurda quaedam percunctantes: deductique ad antistites templi, quum palam esset per errorem ingressos; tanquam ob infandum scelus interfecti sunt.

die Meursius (c. 19. Eleus.) anführt, werden noch Bacchus, Aesculap, Hippokrates und dessen Sohn, als solche genannt, bey denen die Athenienser Ausnahmen machten, so lange das Gesez fortdauerte, daß Fremde zu den Mysterien nicht sollten zugelassen werden. Zu den Zeiten des Isokrates muß dieß Gesez nicht mehr gültig gewesen seyn, weil er (Paneg. p. 201. I.) sagt: daß die Eumolpiden und heiligen Herolde außer den Personen, die mit der Schuld schwerer Sünden beladen waren, blos die Barbarn, wegen des den Griechen wider sie angebohrnen Hasses, von den Mysterien ausgeschlossen hätten. Noch später, nämlich zu Ciceros Zeiten, wo die römischen Barbarn schon lange Herren von Griechenland gewesen waren, machten die Vorsteher der Mysterien sich kein Gewissen mehr daraus, diese ungriechischen Sieger der Welt, deren Freunde und Bundsgenossen einzuweihen. Omitto (sagt: Cic. Lib. 1. de N. D. 42.) Eleusina, sanctam illam et augustam vbi initiantur gentes orarum vltimae. Zu allen Zeiten aber wurden Mörder, (Is. l. c.) Zauberer, (Phil. IV. 6. den Apollonius hielt man für einen

 solchen,)

solchen,) und alle Gottlose, oder sonst unheilige Personen mit den Formeln ἑκας, ἑκας ὁςις αλιτρος, ἑκας, ἑκας ες̕ε βαβηλοι, procŭl hinc procul este profani, von den Mysterien ausgeschlossen. Zu Lucians Zeiten *) (in Pseudom. p. 770. 1. Ed. Gr.) nannte man unter den Gottlosen, denen man von den Mysterien sich zu entfernen gebot, namentlich Atheisten, Christen, Epikuräer, die freylich den Mysterien auch alle gleich gefährlich waren. Nero, der sich vieler schrecklichen Verbrechen schuldig fühlte, wagte es daher nicht, bey seiner Reise nach Griechenland sich in die Mysterien einweihen zu lassen. (Sueton. in Ner. 34.) Marcus Antoninus hingegen ließ sich eben deswegen einweihen, um seine Unschuld dadurch zu beweisen. (Cap. in Vit. Ant. c. 6.) — Ein menschenfreundliches Gesez der Athenienser (Plut. de Exilio II. 1072.)

*) Και εν μεν τῃ πρωτῃ (Er redet von dem ersten Tage der Orgien des Betrügers Alexander) προῤῥησις ην ὡσπερ Αθηνησι τοιαυτη. Ει τις αθεος, η χριςιανος, η Επικȣρειος, η κατασκοπος των οργιων, φευγετω.

1072.) war dieses, daß den Verwiesenen der Zugang zu den Mysterien nicht versagt war, weil die übrigen griechischen Staaten viele von denen, die die Athenienser von ihren Mysterien ausgeschlossen hatten, auch nicht zu ihren Festen und Heiligthümern zuließen (Lysias adu. And. p. 111.)

Bey unschuldigen Personen machte man wegen des Alters und Geschlechts gar keine Schwierigkeit. Nicht nur Männer, sondern Weiber (Arist. Eleus. 1. p. 257.) und so gar Kinder (Ter. Phorm. Act. I. Sc. I. v. 15. et ibi Donat.) wurden so wohl in die Atheniensischen, als samothracischen Geheimnissen eingeweihet. Diese Einweihung war aber bey den Eleusinischen Geheimnissen mit Unkosten, und wie es scheint mit nicht geringen Unkosten verbunden. Dieß erhellt nicht nur aus der Stelle des Terenz *), die ich angeführt habe,

*) Porro autem Geta
Ferietur alio munere, vbi hera pepererit:
Porro autem alio, vbi erit puero natalis dies,
Vbi initiabunt. Donat merkt dabey folgendes an: Terentius Apollodorum sequitur, apud quem legitur in Insula Samothracum pueros initiari more Atheniensium.

habe, sondern auch aus den wiederholten Zeugnissen des Apsines, (de Arte Rhet. p. 691. Ed. Ald. et alibi) welcher sagt, daß Aristogiton zuerst in bedrängten Umständen der Republik auf die Einweihung in die Eleusinischen Geheimnisse eine Auflage gelegt, und die Andacht der Griechen zu einer Quelle von öffentlichen Staatseinkünften gemacht habe. Diese auf die Einweihung gelegte Auflage muß nicht klein gewesen seyn, weil Demosthenes sie unter den Ausgaben (Orat. in Neaeram p. 520.) aufzählt, die ein Liebhaber seiner Geliebten zu Gefallen gemacht hatte.

Die Einweihung selbst geschah des Nachts, zu welcher Zeit allein die Geheimnisse gefeyert wurden. (Cic. de Leg. 2. 14.) Die Einzuweihenden hatten ihre Häupter mit Myrten umkränzt (Schol. Arist. Ran. 333.) und mußten gleich beym Eintritte ihre Hände mit geweihtem Wasser waschen. (Lys. adu. And. l. c.) Es wurde allen Einzuweihenden ohne Ausnahme, und zwar öffentlich verkündigt, daß sie sich den Geheimnissen nicht anders, als mit reinen Händen, reiner Seele, und reiner griechischer Mundart nähern sollten. (Lib. Declam. 19. p. 495. Ed. Mor. Tom. I.)

Um

Um sich gegen alle Entweihung der Mysterien destomehr in Sicherheit zu setzen, und sich desto fester zu überzeugen, daß kein Unreiner den heiligen Boden des Eleusinischen Tempels beträte, hatte man es allen Einzuweihenden zum Geseze gemacht, daß sie beym Eintritte in den Tempel gewisse Wörter oder Formeln aussprechen mußten, die man einem jeden in der Reinigung, als Zeichen derselben bekannt gemacht, und die sich zugleich auf gewisse während der Reinigung vorgenommene mystische, und nicht genau genug bekannte Handlungen bezogen. Clemens erwähnt folgende Symbola der Einweihung, an denen man die Reinigkeit der Einzuweihenden erkannte, die aber so, wie er sie anführt, etwas widersprechendes zu enthalten scheinen. Ich habe (war die eine Formel Coh. ad Gentes p. 14. et Iul. Firm. de error. prof. relig. c. 19.) aus dem Tympanum gegessen, aus dem Kymbalon getrunken, und ein heiliges mit mystischem Geräthe angefülltes Gefäß getragen, was κερνος genannt wurde. Ich habe (hieß es in andern Formeln Clem. p. 18. et Arnob. Lib. V. p. 175.) gefastet, und aus dem heiligen Becher getrunken; ich habe den Becher

aus

aus der Kiste genommen, und da ich ihn gebraucht hatte, in den Korb und aus dem Korb wieder in die Kiste gelegt. Nachdem der Einzuweihende beyde oder doch eine von den beyden Formeln ausgesprochen und sich dadurch zur Einweihung legitimirt hatte, wurde ihm, während der Feyer der Mysterien, der Genuß gewisser Speisen, nämlich von Fischen, Bohnen, Aepfeln und Pfirschen untersagt, und er mußte sich nicht blos von den genannten Früchten enthalten, sondern er durfte nicht einmal den Stamm oder Baum, der sie getragen hatte, berühren, weil ihre Berührung eben so sehr, als die Betastung von todten Leichnamen würde verunreinigt haben (Porph. de Abst. Anim. IV. 16. Liban. XIX. 495. T. I.) *).

Wenn einer alle diese Vorbereitungen und Untersuchungen durchgegangen war, alsdenn konnte er ohne weitere Umstände an den Mysterien selbst Theil nehmen. Diese Mysterien

waren

*) Man mußte sich selbst von einigen Theilen der geopferten Thiere enthalten, aus Ursachen (sagt Clem. II. p. 488.) die die Eingeweihten wissen.

waren nun weiter nichts als dramatische Vorstellungen der Geschichte der Ceres und Proserpine, oder der Freuden Elysiums oder der Quaalen des Tartarus. Diese Auftritte wurden mit so großer Kunst ausgeführt, daß sie nicht nur Aug und Ohr rührten, sondern alle Sinne betäubten, und den Hörern und Zuschauern kalten Angstschweis, heiligen Schauder, so wohl als entzückende Freude, und aus allen diesen plötzlich abwechselnden entgegengesetzten Empfindungen entspringende Andacht hervorbrachten.

Hauptsächlich bestanden die Mysterien in einer Täuschung erregender Nachahmung der vornehmsten Thaten und Begebenheiten der Göttinnen, denen zu Ehren die Eleusinischen Geheimnisse gefeyert wurden. Hievon lassen uns nicht nur das, was in den übrigen griechischen Mysterien vorgieng, und die Beschuldigungen der Kirchenväter, sondern auch die Zeugnisse anderer griechischen und römischen Schriftsteller nicht zweifeln *).

Man

*) Nachdem Plutarch (de Iside et Osir. p. 642. T. I. Opp. in 8.) die Geschichte des Osiris und Typhons, wie man sie zu seinen Zeiten erzählte, vorge-

Man stellte in den Mysterien (p. 13. Clem. Coh. ad Gentes) die Gewaltthätigkeit vor, womit Jupiter der Ceres die letzten Gunstbezeugungen abgezwungen hatte; ferner den Zorn der wider den Jupiter aufgebrachten Ceres, die daher Βριμω genannt wurde; die Zeichen der abbittenden Reue des Jupiters, der einem Widder die Zeichen der Mannheit nahm, und der Ceres in den Schoos warf, um sie glauben zu machen, daß er sich selbst zu solchen Beleidigungen, dergleichen er ihr zugefügt, inskünftige unfähig gemacht hätte.

In

vorgetragen hatte, setzt er folgende Bemerkung hinzu: Unsere griechische Fabeln und Ueberlieferungen von den Kriegen der Giganten und Titanen, den Schicksalen des Bacchus, und dem Herumirren der Ceres sind den Mährchen von Osiris und Typhon ganz ähnlich. Ὅσα τε (schließt er endlich) μυστικοις ἱεροις περι καλυπτομενα και τελεταις, ἀρρητα διασωζεται, και αθεατα προς τους πολλους, ὁμοιον εχει λογον. Ein sehr deutliches Zeugniß, daß die Thaten, besonders aber die unglücklichen Schicksale, und Leiden der Götter in den Mysterien vorgestellet wurden.

In den Mysterien gebahr ferner die Ceres dem Jupiter die Proserpina *). Proserpina wurde erzogen, und eine Beyschläferin ihres eigenen Vaters, der des Unrechts, das er der Mutter angethan hatte, und seiner verstellten Reue bald vergaß. Er näherte sich seiner Tochter in der Gestalt einer Schlange, und blieb zwar anfangs unentdeckt, wurde aber nachher, als der Schänder seiner eigenen Tochter bekannt. — In den Mysterien erschien ferner

*) Arnobius V. 170. 171. ist noch weitläuftiger als Clemens in der Erzählung dieser verschiedenen Auftritte. Jupiter schändete seine Mutter in der Gestalt eines Stiers, und die Proserpina in der Gestalt einer Schlange; die Frucht der letztern war demjenigen Thiere ähnlicher, in welcher der Gott der Götter sich ihrer Mutter aufgedrungen hatte. Arnobius, der sich überhaupt bey allem, was er von den Mysterien erzählt, auf alte griechische Schriftsteller beruft, führet zum Beweis dessen, was er von den Eleusinischen Geheimnissen gesagt hatte, folgenden Vers an, den er Tarentinum notumque senarium quem antiquitas canit, nennt.

Taurus draconem genuit, et taurum Draco.

ner Proserpina (S. 14.) wie sie mit ihren Gespielinnen in ihrem Korb Blumen sammlete, wie Pluto sie entführte, und durch die gespaltene Erde in seine unterirdische Wohnung brachte. In ihnen trat endlich die trostlose, ihre Tochter suchende Ceres auf, die traurend Länder und Meere durchirrte, und endlich bey Eleusis in Attica die erste Linderung ihres Schmerzens in der Freundlichkeit ihrer Bewohner fand, denen sie zur Dankbarkeit die Kunst, Getraide zu bauen, und aufzubewahren, mittheilte (Varro ap. Augustin. de Ciuit. Dei VII. 20. et Dionys. Hal. Antiq. Rom. Lib. II. c. 9.)

Nach den Thaten und Begebenheiten der Göttinnen, denen die Mysterien geheiligt waren, stellte man die Schicksale der abgeschiedenen Seelen, die Oerter der Finsterniß, und des Lichts, die Freuden der Seligen und die Quaalen der Verdammten vor. Wahrscheinlich fieng man von den Schrecken des Orkus an, und hörte mit den Freuden Elysiums auf. Themistius schildert in der Lobrede auf seinen Vater (Or. XX. 234. 235. Hard. Edit.) diesen leztern als einen Hierophanten der aristotelischen Philosophie, und sagt, daß er dem

Lieb-

Liebhaber der Weisheit eben den Dienst geleistet habe, den die Mystagogen der Eleusinischen Geheimnisse den Einzuweihenden leisten, daß er nämlich allen Nebel, alle Finsternisse, die die Schriften des Aristoteles bedeckten, zerstreut, und die darinn verborgene Weisheit in ihrem vollen herrlichen Glanze gezeigt habe. Unter seiner Anführung empfanden, fährt er fort, die Jünger der aristotelischen Weisheit eben das, was diejenigen zu empfinden pflegen, die in die Eleusinischen Geheimnisse eingeweiht werden. Auch diese sind bey der Annäherung zum Allerheiligsten, voll Schauders und Schwindels, und wissen nicht, wohin sie ihren Fuß sezen, oder welchen Weg sie nehmen sollen; bis endlich u. s. w. Vor dem Ende der Einweihung (sagt Stob. Serm. 117.) überfällt die Einzuweihenden: Zittern und Zagen, Angstschweiß und betäubender Schauder, bis u. s. w. Man sah, nach dem Zeugniß eines jüngern Griechen (Pletho ap. Meurs. 490. p. in Schol. ad Or. Mag. Zoroastris.) allerhand ungeheure, schreckliche Gestalten: Bliz und Donner wirkten zugleich auf Aug und Ohr, und helles Licht wechselte mit der dichtesten Finsterniß ab. (Dio

Chrys.

Chryſ. Or. VII. 202. Ed. Morelli, Par. 1604.)

So ſchrecklich und mannichfaltig die Geſichter und Erſcheinungen waren, die vor den Eingeweihten vorüber giengen; ſo ſonderbar und verſchieden waren die Stimmen und Töne, die das Ohr trafen. Man hörte Stimmen von allerley Art (Dio Chryſ. l. c.) beſonders aber Angſttöne, und Jammergeſchrey (Pract. in Rempl. Pl. c. X.) dergleichen unleidliche Schmerzen den Verurtheilten in der Hölle auspreßten, und in großer Ferne dem frommen Aeneas aus dem Orkus entgegen ſchalten. Sie wurden aber endlich nicht blos durch ſchreckliche Geſichter, und ängſtliches Mitleiden erregende Töne außer ſich geſezt, ſondern einige von ihnen wurden bey den Haaren ergriffen, zu Boden geworfen, geſchlagen, ohne in der Finſterniß, die die Eingeweihten deckte, den Thäter erkennen zu können. (Achill. Tat. V. p. 341. Ed. Salm. Lugd. 1640.) Eben daher fürchtete man ſich ſo ſehr vor den Myſterien, und diejenigen, die ſchon eingeweiht waren, ſuchten ſich für ihre ausgeſtandene Angſt dadurch wieder bezahlt zu machen, daß ſie andere, die noch

nicht

nicht eingeweiht waren, durch die fürchterlichsten Beschreibungen dessen, was sie hören, sehen und fühlen würden, zum voraus quälten.

Auf alle diese schrecklichen Auftritte folgten endlich die heitersten Aussichten ins Elysium, und die erfreulichen Vorstellungen aller Arten von Seligkeiten, die den gerechten, und reinen Seelen in einem andern Leben aufbewahret bleiben. Gleich nach jenen fürchterlichen Scenen (heißt es in der eben angeführten Stelle aus dem Stobäus) verbreitete sich ein wundervolles Licht, und auf einmal wurden reine heilige Oerter, und Wiesen sichtbar, auf denen festliche Tänzer sich vergnügten; und man hörte zugleich die süssesten Stimmen, und die feyerlichsten Concerte. Eben daher nennt Aristides (I. 287.) die Eleusinischen Geheimnisse unter allen gottesdienstlichen Satzungen, diejenige, die zugleich die freudenvollste, und schrecklichste sey, in welchen das, was man höre und sehe, mit einander streite, welches von beyden den meisten Schrecken, oder die meiste Freude, die größte Furcht, oder die größte Hoffnung hervorbringen solle. Dieser Uebergang von den Qualen, und der Finsterniß des Orkus zu den Freuden, und heiterm Lichte Elysiums, scheint mit sehr grossen Veränderungen in den Maschinen und Verzierungen der Bühne verbunden gewesen zu seyn, die man zwar errathen, aber nicht erklären, und enträthseln kann. Der Einzuweihende (sagt Themistius am angeführten Orte) ist betäubt, und außer sich, bis der Hierophant die Vorhänge des Tempels aufzieht, die Statüe bekleidet, und abputzt, und sie alsdenn dem Eingeweihten glänzend, und mit göttlichem Lichte umflossen zeigt. Alsdenn zertheilen sich die Nebel, zerreissen sich die Wolken, und der Νοῦς steigt statt der Finsterniß, die vorher alles bedeckte, mit unaussprechlichem Liebreize hervor. Ich finde in allen Schriftstellern über die Mysterien nur wenige Winke, aus denen ich errathen könnte, was die Statüe gewesen sey, die man den Eingeweihten zeigte, aber gar keine Spur von dem Νοῦς, von welchem Themistius redet *). Dieser Bewunderer der

Aristo-

*) Proclus (Lib. II. p. 63. Comment. in Tim. Plat.) sagt, daß unter den Statüen der Götter einige allen ohne Ausnahme sichtbar gewesen, andere hingegen in dem Innersten des Allerheiligsten wären aufbehalten worden. Diese letztern wären

die

Aristotelischen Philosophie stellt den Unterricht seines Vaters unter der Allegorie der Einweihung in die Eleusinischen Geheimnisse vor. Wenn sein Vater, sagt er, die Vorhöfe der Aristotelischen Weisheit aufschloß, so verschwanden Nebel und Wolken, Licht fieng an, sich zu verbreiten, das Bild der Weisheit wurde sichtbar, und der in der Tiefe versteckte Sinn (Nες) der aristotelischen Schriften hob sich aus der Finsterniß empor. Vielleicht brauchte Themistius in seiner Allegorie einige Züge, die nicht aus den Eleusinischen Geheimnissen entlehnt waren, oder auf sie paßten; vielleicht zeigte man in den Letztern glänzende Statüen; allein kaum läßt es sich denken, daß in ihnen etwas, was im Griechischen durch Nες bezeichnet werden kann, aus der Tiefe herauf gestiegen sey.

 So

die Zeichen der unmittelbaren Gegenwart der Gottheit, und nur allein den Vorstehern der Geheimnisse zugänglich gewesen. — Nicht nur aus dieser Stelle, sondern auch aus folgenden beyden des Apulejus und Lucians erhellet, daß in einem jeden Tempel eines Gottes, oder einer Göttinn, der man Mysterien feyerte, gewisse Statüen

So wenig als ich im Stande bin, die vorhergehende Stelle des Themistius ganz zu erklären, eben so unfähig fühle ich mich, folgenden Umstand, den Dio Chrysostomus als einen der letzten Grade der Einweihung nur [illegible] berührt, [illegible] ten waren, die gewöhnlich im Heiligthum des Tempels verborgen, und den Eingeweihten allein gezeigt wurden. In der feyerlichen Procession am Isis-Feste, die Apulejus (Met. XI. 202.) so weitläuftig beschreibt, ferebatur ab alio cista *secretorum capax*, penitus *celans operta magnificae religionis*. Gerebat alius felici suo gremio summi sui numinis venerandam effigiem, non pecoris, non auis, non ferae, ac ne hominis quidem ipsius consimilem; sed solerti repertu etiam ipsa nouitate reuerendam altioris utcunque, et *magno silentio tegendae religionis argumentum ineffabile*. Eben so fanden sich in dem Tempel der Syrischen Göttin zu Hierapolis, und zwar im allerheiligsten, (θάλαμος) wohin nur die ehrwürdigsten, und mit der Gottheit am genauesten verbundene Priester kommen durften, zwo Statuen, die eine des Jupiters, und die andere der Juno, die beyde golden, und in einer sitzenden Stellung waren. (Tom. II. Luc. de Dea Syria p. 675.)

berühret, auf eine befriedigende Art deutlich zu machen. Wenn ein Grieche oder Barbar, (sagt er Or. XII. 203.) der mit den Mysterien ganz unbekannt, alle mystische Vorstellungen betrachtete, wenn er Licht mit Finsterniß abwechseln sähe, allerhand Stimmen hörte, und zuletzt bemerkte, wie diejenigen, die die Einweihung verrichteten, um die Einzuweihenden, die auf dem so genannten Throne (θρονισμῳ) sitzen, in Kraisen herumtanzen; so würde er ein solches Schauspiel, eine solche Reihe von Scenen unmöglich für bloße Werke des Zufalls, für ganz bedeutungslos halten können. Kein anderer Schriftsteller sagt etwas von diesem Sitzen der Eingeweiheten auf erhabenen Stühlen oder Thronen, und von der Bedeutung der mystischen Tänze, in welchen die Einweiher sich um jene herumbewegten. Stobäus erwähnt nur unter den Vergnügungen Elysiums, die man dramatisch vorstellte, die Freudentänze und Lucian sagt blos (de Salt. I. 791. S.) daß in allen alten Mysterien die Einweihung nie ohne Rhythmus, und Tanz geschähe. Orpheus und Musäus hätten diese Tänze selbst angeordnet, und man brauche, dieser mystischen Tänze wegen, von denen, die die Mysterien bekannt machten, oder entweihten, den Ausdruck εξορχεισθαι.

Wann nun die Eingeweiheten alles gesehen, und gehört hatten, und durch die letzten Auftritte besonders mit frohen Hoffnungen erfüllt worden waren, dann wurden sie mit den Wörtern κογξ, ομπαξ entlassen; und nach dieser Entlassung wurden sie für vollendet und geweiht, für frey, und von aller Schuld entbunden gehalten: παντελης, και μεμυημενος, ελευθερος, και αφετος. (Stob. l. c. et Hes. in voc. κογξ et ομπαξ).

So wie es den Einzuweihenden bey dem Anfange der Mysterien geboten wurde, mit reinen Leibern und Seelen sich den Geheimnissen zu nahen; so erschienen sie auch gewöhnlich bey dieser Feyerlichkeit mit neuen Kleidern, die sie nachher höher als gewöhnliche Kleider schätzten. (Schol. Arist. Plut. 840.) Sie weiheten nemlich diese Kleider, in welchen sie den Mysterien beygewohnet hatten, der Ceres, und Proserpina, oder einer andern Gottheit, — oder sie trugen sie selbst bis auf den letzten Faden ab, — oder sie brauchten sie endlich auch zu Windeln für

neu-

neugebohrne Kinder, weil sie ihnen eine göttliche, Unfälle und Zauberey abhaltende Kraft zutraueten.

Die Absicht der Stifter und Erweiterer der Mysterien bey den täuschenden Vorstellungen der Qualen des Tartarus, sowohl als der Freuden Elysiums, war offenbar diese: durch sinnliche Vorbilder die Ueberzeugung von der Seelen Unsterblichkeit, von Strafen und Belohnungen nach diesem Leben selbst unter das Volk auszubreiten, das die Hörsäle der Weltweisen nicht besuchen, und ihre Schriften nicht lesen konnte, das auch auf keine andere Art von diesen grossen, dem Gesetzgeber so wichtigen Wahrheiten unterrichtet wurde. Die Ausbreitung der Lehre eines andern Lebens, die so, wie in den Eleusinischen Geheimnissen, vorgetragen, einen erstaunlichen Eindruck machen mußte, war nicht ein Zweck, den alle Griechische Mysterien zu erreichen gesucht hätten. Außer den Eleusinischen Geheimnissen wurde, so viel ich weiß, Unsterblichkeit der Seele nur in den Bacchischen Orgien gelehrt. Da weißt es (sagt Plutarch in dem Trostschreiben an seine Frau, T. II. Opp. 1085.) aus den Ueberlieferungen

gen deiner väterlichen Religion, und aus den mystischen Symbolen der Orgien, in die wir beyde eingeweihet worden, daß die Meynungen derjenigen Philosophen falsch sind, die den Tod, als den gänzlichen Untergang des Menschen, als das Ende aller Freuden und Leiden ansehen.

Von dieser Einweihung in die Mysterien versprach man sich die heilsamsten Wirkungen nicht nur in diesem, sondern auch in einem andern Leben. Man glaubte von allen Unsauberkeiten der Sünde gereiniget, vom Laster abgezogen, und zu allen Arten von Tugenden gestärkt zu werden. (Arist. l. I. c. et Sop. in Divis. Quaest. ap. Meurs. p. 306.) Die alte Helden hätten sich blos deswegen einweihen lassen, weil sie fest überzeugt waren, daß die Eingeweihten bessere, frömmere und tugendhaftere Menschen würden, als sie vorher gewesen wären. (Diod. V. 370.) Man glaubte ferner, daß alle diejenigen, die sich hätten einweihen lassen, von den Göttern in kräftigern Schutz genommen, vor künftigen Gefahren gewarnet, und aus gegenwärtigen durch ihren göttlichen Beystand, selbst durch unmit-

telbare Erscheinungen herausgerissen würden. (Ibid.) „Nur die Eingeweihten allein glaubte man endlich, könnten ein freuden- und hoffnungsvolles Leben führen. Uns allein (singt der Chor in den Fröschen des Aristophanes 457. seq.) uns allein leuchtet das heilsame Licht der Sonne und des Tages, und wir allein können unser frommes Leben unter einem jeden Volke, und in einem jeden Lande hinbringen. „Man schmeichelte sich, sagt Aristides, alle diese irdische Vortheile in einem desto höhern Maaße zu genießen, je länger man eingeweiht war, und diejenigen, die des Glücks der Einweihung lange genossen hatten, hielten sich für wichtigere, und ehrwürdigere Personen, als die jüngern Brüder, die später dazu gelangt waren. — Auf der andern Seite glaubte man, daß die Gottheiten, denen die Mysterien geheiligt waren, Ceres, Bacchus und Proserpina gegen alle diejenigen, die die Einweihung entweder vernachläßigten, oder verachteten, eben so feindselig gesinnt wären, als sie die Theilnehmer der Mysterien ihrer Gnade würdigten, daß sie daher jenen eben so oft schlimme Vorbedeutungen, und Gefahren zuschickten, als sie diesen durch

Rath

Rath und Beystand aushülfen. (Artemidor. Oneirocrit. Lib. II. c. 44)

Die größten Vortheile aber, die man sich von der Einweihung in die Mysterien versprach, bestunden nicht in zeitlicher Glückseligkeit, sondern in geistlichem Segen, dessen Früchte man jenseits des Grabes in einer andern Welt einzuerndten hoffte. Man sah nemlich die Mysterien nicht nur als eine Art von Ablaß an, wodurch man von der Schuld der Sünden entbunden, und gegen alle Unfälle in der künftigen Welt gesichert würde; sondern man sah sie auch als etwas der Tugend und Rechtschaffenheit gleichgeltendes an, das den Mangel wahrer Verdienste, und eines gutgeführten Lebens ersetzen, und dem größten Bösewichte die Krone und Belohnungen der Rechtschaffenen zuwenden könnte. Dreymal glücklich (sagte Sophokles in irgend einem Trauerspiele ap. Plut. de aud. Poetis I. 37. p.) sind diejenigen, die eingeweiht sind, wenn sie ins Reich der Schatten kommen, ihnen allein ist ein glückseliges Leben bestimmt: allen übrigen hingegen sind alle Arten von Martern aufbehalten. Plutarch begleitet diese Stelle aus dem Sophokles mit der Nachricht, daß sie viele Myriaden von Menschen niedergeschlagen, und trostlos gemacht habe. Wir lernen, (sagt Cicero de Leg. II. 14.) *) in den Mysterien, nicht nur die Kunst glücklich und vergnügt zu leben, sondern auch die Kunst zufrieden, und mit den besten frölichsten Hoffnungen zu sterben. Eben dies, und fast mit denselbigen Worten sagen Isokrates (in Paneg. I. p. 132.) und Aristides. (p. 259. Eleus. I.) Ein Lobredner der Liebe beym Plutarch (T. II. ἐρωτικος p. 1356.) vergleicht die Erwartungen derjenigen, die sich in die Eleusinischen Geheimnisse einweihen lassen, mit den Erwartungen der Eingeweihten der Liebe, und glaubt, daß diese sich noch grössere Seligkeiten, als jene, in einem andern Leben zu versprechen hätten.

Nur

*) Initiaque, ut appellantur, ita revera principia vitae cognovimus; neque solum cum laetitia vivendi rationem accepimus, sed etiam cum spe meliore moriendi. Und Isokrates: Δημητρος γαρ αφικομενης εις την χωραν ἡμων. — — και δουσης — — — την τελετην, ἡς οἱ μετεχοντες περι τε της του βιου τελευτης, και του συμπαντος αιωνος ἡδιους τας ελπιδας εχουσιν.

Nur allein gegen Liebende (sagt er) ist Pluto nicht grausam, und unerbittlich. Es ist zwar immer gut, an den Eleusinischen Geheimnissen Theil genommen zu haben; allein den wahren Eingeweihten der Liebe stehen in einem andern Leben noch bessere Schicksale bevor.

Alle Eingeweihten waren aber, der gemeinen Meynung nach, nicht blos gegen die Folgen der Sünden dieses Lebens sicher, und erwarben in einer andern Welt nicht blos die gewöhnlichen Belohnungen, auf die vielleicht in seltenen Fällen die nackte Tugend einiger Ungeweihten Anspruch machen konnte; sondern sie erhielten im Reiche der Freuden höhere Stufen von Seligkeit, eine genauere Gemeinschaft mit den seligen unsterblichen Göttern, und so gar Theilnehmung an deren Herrschaft. Dort in Elysium (heist es im Axiochus, der dem Aeschines zugeschrieben wird c. 20.) haben die Eingeweihten den Vorsitz oder Vorrang vor andern Seligen; und selig (singt Pindar beym Clemens Strom. III. 506.) sind diejenigen, die die Mysterien zu Eleusis gesehen haben: sie kennen den Ausgang des Lebens, und sind von der ihnen vom Jupiter verlieverlichenen Herrschaft überzeugt. — Man kann (sagt Plato in Phaed. p. 52. endlich über diesen Gegenstand) diejenigen, die die Mysterien gestiftet haben, nicht anders, als für weise Männer erklären, weil sie uns schon von Alters her freylich auf eine nicht ganz deutliche Art zu verstehen gegeben haben, daß diejenigen, die dies Leben ungereinigt, und uneingeweiht verlassen, im Schlamme sich wälzen; die reinen und geweihten Seelen hingegen in die Gesellschaft und Wohnungen der Götter eingehen werden.

Aus dem eben angeführten Fragmente des Sophokles, und der letzten Stelle des Plato, der ich noch eine andere aus dem Aristides (I. 259.) an die Seite setze, sieht man, daß nach dem Glauben der Griechen, die Einweihung in die Eleusinischen Geheimnisse, die einzige Bedingung war, unter welcher man den Qualen des Tartarus zu entgehen, und an den Freuden Elysiums dereinst Theil zu nehmen hoffen konnte: daß selbst die reinste, vollkommenste Tugend gegen die Finsterniß, und den Schlamm des Orkus nicht schütz-

 te,

te, wenn sie nicht durch die Einweihung geläutert, und von allen ihr anklebenden Flecken gereiniget würde. Diese Lehre, daß die Einweihung allein den größten Bösewicht rein, untadelich und ewiger Belohnungen würdig mache; ihre Vernachläßigung hingegen den rechtschaffensten Mann in einen Verbrecher verwandle, kam dem Diogenes von Sinope so ungeheuer und abscheulich vor, daß er sich nicht enthalten konnte, sie öffentlich lächerlich zu machen. Ich begreife es nicht, sagte er (Plut. de aud. Poet. I. 37. Diog. VI. 39.) wie der Dieb Pataikion blos deswegen, weil er eingeweihet ist, ein besseres Schicksal nach dem Tod haben könne, als Epaminondas, den sein Vaterland, als den ersten seiner Bürger, und als den größten seiner Feldherren verehrt.

Die Mysterien dauerten mehrere Nächte hintereinander, wahrscheinlich neun. (Meurs. Eleus. c. 21-30.) Die Tage, die diesen Nächten zugehörten, wurden mit Spielen, Opfern und Proceßionen zugebracht, die größtentheils auf irgend eine Begebenheit der Ceres und Proserpina anspielten. Meursius hat in den

den angezeigten Capiteln seiner Eleusinia die Feyerlichkeiten des Tags sorgfältig untersucht, und ich verweise daher Neugierige, die davon unterrichtet seyn möchten, um desto mehr auf diesen Gelehrten, da diese Feyerlichkeiten von den Geheimnissen selbst doch eigentlich getrennt sind. Die ganze Zeit der Mysterien war so heilig, daß darinn die wichtigsten öffentlichen Geschäfte ausgesetzt wurden. Man durfte während derselben keinen Schuldigen ergreifen, und weder für Schuldige noch Unschuldige Bittschriften einlegen, bey Strafe des Todes, oder wenigstens einer Geldsumme von tausend Drachmen, (Andoc. de Myst. l. c.)

III.

Wie die Reinigung von den kleinen Mysterien verschieden war; ungefähr eben so verschieden waren die kleinen wiederum von den grossen Geheimnissen zu Eleusis.

Die Einweihung in die kleinen Geheimnisse drückte man durch μυησις, oder μυεισθαι, und den Eingeweihten durch μυςης aus: die Einweihung in die grossen Geheimnisse hingegen hieß ἐποπτευειν, der Eingeweihte ἐποπτης, und die großen Geheimnisse selbst ἐποπτικα (Procl. in Plat. Theol. IV. 26. Suidas in voce ἐποπτης und Plutarch. in Demet. l. c.) Beyderley Mysterien und Einweihung drückt man oft durch τελετη und τελεισθαι aus: allein bey Schriftstellern, die ganz genau reden, bedeuten τελετη und τελεισθαι die Reinigung oder Vorbereitung zu den kleinern Mysterien.

In diesen großen Geheimnissen nun sah man nicht blos, sondern man wurde unterrichtet, und zwar in Grundsätzen, die die ganze Religion des Volks übern Haufen warfen: eine Erscheinung, die einem jeden sonderbar vorkommen muß, die aber durch die unleugbarsten Zeugnisse der bewährtesten Schriftsteller außer Zweifel gesetzt wird.

In den großen Mysterien allein hatte man den Vorzug ins Allerheiligste oder Innerste des Eleusinischen Tempels zu kommen, und alles zu sehen, was ungeweihten Augen, selbst denen, die in die kleinen Mysterien eingeweihet wurden, verdeckt und verschlossen war.

war. Gewisse Heiligthümer (sagt Seneca VIII. Quaest. Nat. c. 31.) werden nicht auf einmal mitgetheilt. Eleusis hält etwas zurück, was sie nur denjenigen zeigt, die sich abermals ihren Geheimnissen nahen. Auch die Natur macht ihre Geheimnisse nicht auf einmal bekannt: wir glauben oft schon eingeweiht zu seyn, und sind doch nur in die Vorhöfe ihres großen Tempels gekommen. Jene (die Eleusinischen) Geheimnisse werden nicht ohne Unterschied einem jeden ertheilt: einige davon werden den Blicken der meisten Eingeweihten entzogen, und in dem innersten Heiligthume verschlossen *).

So wie man nun in diesen großen Mysterien alle Vorhänge wegzog, die das Allerheiligste des Tempels verdeckten; so riß man auch

*) Non semel quaedam sacra traduntur; Eleusis seruat, quod ostendat reuisentibus. Rerum natura sacra sua non semel tradit. Initiatos nos credimus; in vestibulo eius haeremus. Illa arcana non promiscue, nec omnibus patent: reducta et in interiore sacrario clausa sunt.

auch von den Augen der Epopten den Schleyer des Aberglaubens weg, den die Fabeln der Dichter, und Volksreligion vor den Augen der Einzuweihenden hergewebt hatten. Man unterrichtete sie ohne Zurückhaltung in der wahren Geschichte der Götter, die der Pöbel anbetete, und sagte den Epopten ungescheut, daß alle Götter Griechenlandes weiter nichts als schwache Menschen gewesen, daß sie als Menschen gelebt, als Menschen gestorben, und als solche wären begraben worden. Ist nicht (heißt es beym Cicero Tusc. Quaest. II. 12. 13.) der ganze Himmel mit Menschen bevölkert worden? Ja wenn wir die alten Urkunden, und Ueberlieferungen, die die Schriftsteller Griechenlandes aufgezeichnet haben, genau untersuchen; so werden wir finden, daß selbst jene großen Götter vom ersten Range (maiorum gentium Dii, qui habentur) sich aus unserm Mittel in den Himmel empor gehoben haben. Denke nur nach (fährt er fort) von wie vielen die Grabmäler in Griechenland gezeigt werden; erinnere dich, weil du doch eingeweiht bist, was man in den Mysterien hört, und du wirst von selbst ein-

sehen,

sehen, wie allgemein wahr es sey, daß unsere Götter alle ehemals Menschen waren. Vom Erechtheus (sagt er de Nat. Deor. L. 42.) werden die Umstände des Todes und die Begräbnißörter der Götter vorgetragen. Hat dieser, fragt er, seine väterliche Religion bestätiget, oder gänzlich aufgehoben? Omitto (setzt er hinzu) Eleusina, sanctam illam et augustam,

> Vbi initiantur gentes orarum vltima, et
> Praetereo Samothraciam eaque
> — — — quae Lemni
> Nocturno aditu, occulta coluntur
> Syluestribus sepibus densa.

Quibus explicatis, ad rationemque reuocatis, *rerum magis natura cognoscitur, quam Deorum.*

Wer aber auch bey diesen Stellen noch zweifelhaft bleibt, der wird, hoffe ich, durch folgende ganz überzeugt werden; daß man in den großen Mysterien die Götter des Volks entgötterte, und den Epopten im Allerheiligsten des Tempels eben die Irrthümer benahm, worinn man das Volk zu erhalten, oder zu bestärken suchte. Der von den Römern, und besonders vom Cicero so sehr verehrte Pontifex Maximus Scävola (sagt Augustin aus dem Varro de Ciuit. Dei IV. 27.) nahm dreyerley Arten von Göttern an. Einige (behauptete er) wären von Dichtern, andere von Philosophen, und noch andere von Gesetzgebern gelehrt und verkündigt worden. Die Götter der Dichter wären ganz abgeschmackt; die Götter der Philosophen hingegen schickten sich nicht für ganze Völker und Staaten: in ihren Lehren von der Gottheit wäre vieles überflüßig, aber auch manches, was das Volk gar nicht wissen dürfe. Zu diesen, dem Volk schädlichen Lehren gehörten die Behauptungen, daß die Götter des Staats, wie Herkules, Aeskulap, Kastor und Pollux keine Götter, sondern Menschen gewesen wären. Sowohl Scävola, als Varro glaubten, daß es dann und wann nicht allein nützlich, sondern auch nothwendig sey, den großen Haufen zu hintergehen. Eben dieser Varro gestand (c. 31. beyde Stellen müssen mit einander verbunden werden), daß er, wenn ihm jetzo die neue

Ein-

Einrichtung des römischen Staats aufgetragen würde, die Namen und Verehrungsarten der Gottheit ganz anders bestimmen würde, als sie unter den Römern seiner Zeit gebräuchlich waren. Da aber von den Römern, als einem alten Volke, gewisse Götter einmal als Götter des Staats aufgenommen worden; so halte ers für seine Pflicht, von ihren Benennungen, u. s. w. nach der Weise der alten, frommen Vorfahren so zu reden, daß das Volk mehr dadurch veranlaßt würde, seine Götter zu verehren, als sie zu verachten. Er ließ sichs merken, daß er vieles verschweige, was nicht blos er selbst verachtete, sondern was selbst das Volk verachten würde, wenn es bekannt wäre, und setzte ungescheut hinzu, daß es sehr viele Religionswahrheiten gebe; die man dem Volke nicht mittheilen dürfe, und daß auf der andern Seite wieder eben so viele Irrthümer seyn, die man dem Volke lassen müßte. Eben deswegen hätten die Griechen ihre Geheimnisse, und Mysterien durch feste Mauern, und unverbrüchliche Verschwiegenheit zu verstecken gesucht. Ihm, schloß er endlich, schienen diejenigen am besten ein-

 gese-

gesehen zu haben, was Gott sey, die ihn für ein vernünftiges Wesen erklärt hätten, das durch die ihm beywohnende bewegende Kraft, und Weisheit die ganze Welt regiere. — Diese letzte Lehre ist eine von den Wahrheiten, die die griechischen Mysterien verschlossen, weil sie, dem Volke zu wissen, nicht heilsam waren; und eben so ist die, in der ersten Stelle angeführte Behauptung der Philosophen, daß die Götter ehemals Menschen waren, gleichfalls einer von den Irrthümern, den die Mysterien nur dem Verschwiegenen zwischen den Wänden der Tempel offenbarten, weil es rathsam war, das Volk in seinem Glauben nicht zu beunruhigen.

Man nahm aber in den grossen Mysterien nicht blos, sondern man gab auch wieder; man riß nicht blos ein altes Gebäude von Irrthümern um, sondern bauete auch ein neues herrlichres von heilsamen Wahrheiten auf, von welchem das ganze Alterthum glaubte, daß der grosse Haufe sie zu fassen aus Sinnesblödigkeit schlechterdings unfähig wäre. Man verkündigte in ihnen die Lehre von

einem

einem einzigen Gott, lehrte die wahre Natur und Beschaffenheit der Geister, oder Dämonen, und zeigte zugleich den Adel, die Glückseligkeit, und künftige Bestimmung unsrer menschlichen Seelen.

Man lehrte in den Mysterien den einzigen Gott, den Schöpfer und Vater des Ganzen, von dem Plato, wahrscheinlich nach Anleitung der Mysterien, sagt (Tim. p. 28. Opp. P. III.), daß es schwer sey, ihn zu finden, und, wenn man ihn gefunden habe, unmöglich ihn allgemein bekannt zu machen. — Crysippus sagte (Auct. Etymol. in τελετη), daß die Lehren von Gott und göttlichen Dingen mit Recht τελεται genennet würden, weil diese die letzten wären, in denen man unterrichtet würde, und unterrichtet werden sollte. Die Seele müßte schon eine gewisse Festigkeit, und Gewalt über sich haben, um gegen die Ungeweihten verschwiegen, und undurchdringlich zu seyn. Es sey ein harter Kampf, über die Natur der Gottheit die wahren Kenntnisse zu hören, und ihrer stets mächtig zu seyn. Wenn man diese Stelle mit dem kurz vorher

aus

aus dem Augustin angeführten Gedanken des Varro vergleicht; so kann man nicht länger daran zweifeln, daß die Lehre von einer einzigen Gottheit in den großen Geheimnissen vorgetragen worden. Varro sagte, daß die Mysterien Wahrheiten verschlössen, die das Volk nicht wissen dürfte und erklärt kurz nachher die Meynung derjenigen für Wahrheit, die die Gottheit für ein einziges vernünftiges, durch Weisheit und Macht alles regierendes Wesen hielten: und eben so sagt Chrysipp, selbst ein eifriger Vertheidiger eines einzigen höchsten, die Welt ordnenden und erhaltenden Gottes, daß in den Mysterien die wahre Kenntniß der Gottheit vorgetragen würde. Sein Zusatz, daß Stärke der Seele dazu gehöre, sie zu fassen, und Selbstüberwindung, sie bey sich zu behalten, zeigt, daß die Grundsätze der großen Mysterien über die Natur der Gottheit dem gewöhnlichen Glauben der Griechen ganz entgegen gesetzt seyn mußten.

Daß man in den Mysterien die Lehre vom einzigen wahren Gott vortrug, läßt sich aus einer

einer Stelle des Dio Chrysostomus freylich nicht unmittelbar darthun, aber doch ohne Zwang folgern. Der Begrif von einer göttlichen Natur, (sagt er Or. XII. p. 201.) besonders aber der Gedanke eines einzigen Vaters, und Führers des Ganzen ist durchs ganze menschliche Geschlecht verbreitet. Er ist Barbarn und Griechen ohne einen sterblichen Lehrmeister, oder Mystagogen anerschaffen, und ihren vernünftigen mit der Gottheit verwandten Seelen eingeprägt worden. — Eben die Behauptung des Dio Chrysostomus, daß man auch ohne Mystagogen zur Kenntniß des einigen Gottes gelangen könne, zeigt, daß diese Lehre auch von den Mystagogen ist vorgetragen worden.

Man lehrte Gott wahrscheinlich, wie nachher Plato und Zeno thaten, aus der Natur, aus der Größe, Pracht, Ordnung und Schönheit seiner Werke und der ganzen Schöpfung. Dieß schließe ich aus der oben angeführten Stelle des Cicero, wo es heißt, daß man in den Eleusinischen, und Samothracischen Mysterien mehr die Natur der Dinge, als des

Griechischen Volks Götter bekannt mache; und aus einer andern sehr wichtigen Stelle des Clemens von Alexandrien (Strom. V. 683.) worin er sagt, *) daß man in den großen Geheimnissen die ganze Natur und ihre Werke kennen lerne. Eben dieses läßt sich aus folgender Stelle des Galenus (de Viu Part. VII. c. 14.) **) vermuthen, wo er von dem großen Nutzen redet, den man von der Untersuchung der Brauchbarkeit eines jeden Theils des menschlichen Körpers ziehen könne. Diese Stel-

*) Τα δε μεγαλα, περι των συμπαντων μανθανειν ετι υπολειπεται, εποπτευειν δε και περινοειν την φυσιν, και τα πραγματα.

**) Προσεχε τοινυν ηδη τον νουν μαλλον, η ει μυουμενος Ελευσινια και Σαμοθρακια και αλλην τινα τελετην αγιαν, ολος ησθα προς τοις δρωμενοις τε και λεγομενοις υπο των ιεροφαντων, μηδεν χειρω νομισας ταυτην εκεινων ειναι την τελετην, μηδ' ηττον ενδειξασθαι δυναμενην, η σοφιαν, η προνοιαν, η δυναμιν τε των ζωων δημιουργε.

Studium (sagt er) ist einem jeden Arzte, am meisten aber dem philosophischen Arzte nützlich, der eine ächte, gründliche Kenntniß der Natur zu erlangen gedenkt, und in ihre Geheimnisse eingeweiht werden will. In ihnen wird er die Macht, Weisheit und Güte des Schöpfers der Thiere kennen lernen, nicht weniger als in den Eleusinischen und Samothracischen Geheimnissen. — Wie tief sich aber die Mystagogen in die Untersuchung der Natur eingelassen haben, und wie ihre Physiologie beschaffen gewesen sey, das kann weder ich, noch irgend ein anderer bestimmen, da die alten Schriftsteller uns hierüber nicht die geringsten Nachrichten hinterlassen haben.

Man lehrte ferner in den großen Mysterien die Natur der Dämonen, ihre Rangordnungen und Geschäfte, ihre Verhältnisse zur Gottheit und zur menschlichen Natur. — Es giebt (sagt Plutarch de Orac. Sil. T. I. Opp. in 8. p. 741. 742.) unter den Dämonen eben solche Unterschiede, als unter den Menschen; einige haben Vollkommenheiten, die andern mangeln; und eben so haben einige stärkere

Ueber-

Ueberbleibsel vom Sinnlichen, als andere *). Alle die deutlichen Winke und Belehrungen, die die Mysterien über die wahre Natur der Dämonen geben, verschweige ich, und glaube ich verschweigen zu müssen.

Man lehrte endlich in den Mysterien eben das, was Plato nachher in ein vollständiges System ausarbeitete: daß die Seelen der Menschen ehemals Dämonen waren, aber zur Strafe ehemaliger Vergehungen, deren sie sich in einem bessern Zustande schuldig gemacht, in menschliche Leiber, wie in Gefängnisse herab gesenkt worden; daß der Leib des Menschen der Seele Grab sey, und daß diese ihrer verlornen Glückseligkeit sich um desto mehr nähere, jemehr sie sich aus dem Moder dieses Grabes empor zu heben suche: daß sie aber erst alsdenn zum vollen Besitz ihrer ehemaligen Freyheit und Glückseligkeit gelangen wer-

*) Περι μεν ουν των μυστικων εν οἱς τας μεγιστας εμφασεις και διαφασεις λαβειν εστι της περι δαιμονων αληθειας, ευστομα μοι κεισθω καθ' Ἡροδοτον.

werde, wenn sie, von der drückenden Last des Körpers entbunden, sich in die Regionen des Aethers, und in die Gesellschaft anderer seligen Geister hinauf schwingen werde. — Die Beweise von allem diesen wird ein jeder in folgenden Stellen finden.

Nicht nur Plato (sagt Clemens von Alexandrien Strom. III. 518.) eignet in seinem Kratylus dem Orpheus den Gedanken zu: daß die Seele in dem irdischen Leibe wegen ehemaliger Sünden gestraft, und der Leib deswegen mit Recht ihr Grab genennet werde *); sondern der Pythagoräer Philolaus giebt es als eine Meynung der ältesten Theologen, und Propheten aus, daß die Seele des Menschen zur Züchtigung mit ihrem Körper zusammen gefesselt, und in ihm gleichsam

*) Αξιον δε και της Φιλολαυ λεξεως μνημονευσαι· λεγει δε ὁ πυθαγορειος ὡδε μαρτυρεονται δε και οἱ παλαιοι Θεολογοι, και μανθεις, ὡς δια τινας τιμωριας, ἁ ψυχα τῳ σωματι συνεζευκται, και καθαπερ εν σωματι τῳ το τεθαπται.

sam begraben worden. Fast eben so redet Cicero in einem Fragmente, das Augustin aufbehalten hat. (Fragm. Cic. in Vol. 4. Opp. Ed. Ernest. Hal. 1756. p. 60.) Aus den vielen Abwechselungen und Mühseligkeiten unsers Lebens (sagt Cicero) scheinen die ältesten Propheten, Vorsteher der Geheimnisse, und Ausleger göttlicher Offenbahrungen richtig geschlossen zu haben, daß wir zur Strafe der Sünden eines andern Lebens hier auf Erden gebohren worden, und daß wir also, deren lebendige Seelen mit trägen todten Körpern zusammen gefesselt sind, fast eben so gestraft werden, als jene Etruscischen Seeräuber ihre Gefangene straften, die sie lebendig mit todten Leichnamen zusammen banden, um sie gemeinschaftlich verwesen zu lassen.

Da man also in den Mysterien lehrte, daß der Körper der Seele Grab, und der Tod des Leibes, der Lebensanfang der Seele sey, so konnte Plato in seinem Phädon *) mit Recht sagen,

*) Σκοπος τῶν τελετων ἐςιν, εις τελος αναγαγειν τας ψυχας εκεινο αφ' ὁ την πρωτην εποιησαντο καθοδον, ὡς απ' αρχης.

sagen, daß der Zweck der Mysterien dieser sey, die Seele dahin wiedrum hinauf zu ziehen, woher sie ehemals herabgefallen sey: und Proklus übertrieb (in Rempubl. Plat. c. I.) die Sache nicht, wenn er von den Mysterien rühmte, daß sie die Seele vom thierischen vergänglichen Leben abzögen, und mit den Göttern vereinigten; daß sie ferner alle unordentlichen unvernünftigen Bewegungen, wodurch die innern Erleuchtungen der Seele gehindert, und gestöhrt werden, wegnähmen, und endlich statt der Finsterniß, die sie austrieben, die Seelen mit dem Licht der Gottheit erfüllten.

Ob man in den großen Mysterien auch Grundsätze des Wohlverhaltens, und Vorschriften der Tugend vorgetragen habe, ist ungewiß. Porphyr sagt: (de Abst. IV. 22.) zwar aus dem Xenokrates, daß von Triptolem, den Hermippus für den ältesten Gesetzgeber der Athenienser ausgegeben habe, noch drey Gesetze zu Eleusis aufbewahrt würden, in denen er befohle, die Aeltern zu verehren, die Götter durch geopferte Früchte zu ehren und den Thieren keinen Schaden zuzufügen; allein ich weiß nicht, ob diese Gesetze, und andere Hauptstücke der Sittenlehre einen Theil derjenigen Kenntnisse ausgemacht haben, die man in den grossen Geheimnissen zu Eleusis offenbahrte *).

Alle diese Lehren, die man in den grossen Mysterien den Epopten vortrug, waren in heiligen Büchern aufgezeichnet, die man den Augen der Ungeweihten sorgfältig entzog, und die wahrscheinlich kein anderer als der Hierophant lesen durfte. Daß man in den Mysterien geheime Schriften hatte, die Ungeweihte nicht lesen durften, und konnten, erhellt aus einer Stelle des Galens (περι της των ἁπλων φαρμακων δυναμεως VII. 1.)

worinn

*) Theon Smyrnäus (Math. p. 18. 19.) nimmt in einer sehr verdorbenen, dunkeln Stelle fünf Grade, oder Stufen der Einweihung an: außer der Καθαρσις, Μυησις, und Εποπτεια, einen vierten, in welchem das Haupt umwunden, oder umkränzt, und der Eingeweihte fähig gemacht würde, Hierophant und Fackelträger zu werden, und

andre

worinn er sagt, daß einige Uneingeweihte die heiligen Bücher der Mysterien zu lesen versucht hätten, daß aber ihre Verfasser sie Uneingeweihten nicht geschrieben hätten. Galenus nennt hier zwar nicht deutlich die Eleusinischen Geheimnisse; allein eine andere Stelle des Pausanias läßt vermuthen, daß man wirklich auch zu Eleusis geheime Schriften hatte, aus denen man in den großen Geheimnissen den Epopten vorlas. Er erzählt nämlich (in Arcad. p. 249.) daß die Pheneaten in Arcadien einen Tempel der Ceres hätten, den sie den Eleusinischen nennten, und daß sie der Göttin zu Ehren eben solche Mysterien als zu Eleusis feyerten. — Diese Pheneaten nun, deren Mysterien den Eleusinischen so ähnlich waren, hatten im Tempel der Ceres zween große in einander passende Steine,

andre wieder einzuweihen; endlich einen Fünften, in welchem man mit der Gottheit auf das genaueste verbunden würde. Wahrscheinlich hat dieser neuere Schriftsteller verschiedene Ceremonien der Einweihung in die großen Geheimnisse für neue Grade gehalten.

die sie πετρωμα nannten. In diesen Steinen wurden Schriften aufbewahrt, aus denen die Hierophanten alle Jahre an den grossen Mysterien die Mystas unterrichteten; die sie aber jedesmal, wenn sie sie gebraucht hatten, in der Stille der Nacht in das ihnen bestimmte Behältniß wieder niederlegten. Diese Steine waren den Pheneaten so verehrungswürdig, daß der Schwur bey ihnen zu ihren heiligsten Eyden gehörte. Man wagt, glaube ich, keinen zu kühnen Schluß, wann man nach der ausdrücklichen Versicherung von der Gleichheit der Arkadischen und Eleusinischen Geheimnisse behauptet, daß bey diesen, eben wie bey jenen geheime Schriften gebraucht wurden.

Von einer ganz andern Art waren die Bücher, die der Diener der Isis bey der Einweihung des Apulejus in die Geheimnisse dieser Göttin aus dem Allerheiligsten des Tempels hervor zog. (Metam. Lib. XI. p. 209.) *) Auch

*) Et iniecta dextera, senex comissimus ducit me protinus ad ipsas fores aedis amplissimae: rituque so-

Auch diese Bücher waren durch allerhand hieroglyphische Figuren merkwürdig, und in Schriftzeichen abgefaßt, die allen Uneingeweihten schlechterdings unverständlich waren; allein der Hierophant unterrichtete den Apulejus aus diesen Büchern, nur in allen Vorbereitungen und Anstalten, die er zur wirklichen Einweihung zu machen hätte. Sie waren also nur Formularbücher, dergleichen man vielleicht auch bey den kleinern Eleusinischen und andern Geheimnissen brauchte.

Schon zu Platos Zeiten giengen in Griechenland ganze Haufen, oder Sammlungen

 von

solemni apertionis, celebrato ministerio, ac matutino peracto sacrificio, de opertis adyti profert quosdam libros, litteris ignorabilibus praenotatos: partim figuris cuiuscemodi animalium, concepti sermonis compendiosa verba suggerentis, partim nodosis, et in modum rotae tortuosis, capreolatimque condensis apicibus, a curiositate profanorum lectione praemunita. Indidem mihi praedicat, quae forent ad vsum teletae necessario praeparanda.

von Gedichten herum, die man dem Orpheus, und Musäus, den Abkömmlingen des Mondes und der Musen zuschrieb. (Opp. Tom. III. p. 364. 365. de Rep. II.) Nach ihren Vorschriften opferten nicht blos einzelne Leute, sondern ganze Städte, und suchten Lebende sowohl als Todte von der Schuld ihrer Sünden zu befreyen. Allein Plato redet an dieser Stelle von diesen zahlreichen Schriften des Orpheus und Musäus in einem Tone, woraus man schließen muß, daß er selbst an ihrer Aechtheit zweifelte. In seinen Gesetzen hingegen erkennt er unter den Gedichten, die zu seiner Zeit den Nahmen der Orphischen führten, wenigstens einige für ächt. (de Leg. VIII. p. 829. Vol. II. Opp.) Hier giebt er das Gesetz, daß kein Dichter sich unterstehen sollte, ununtersuchte, und von den Gesezhütern nicht geprüfte Gedichte bekannt zu machen, selbst alsdenn nicht, wenn sie auch süßer, als die Lobgesänge des Thamyras, und Orpheus wären.

Auch zu den Zeiten des Pausanias hielt man gewisse Orphische Lobgesänge für ächte

Ar-

Arbeiten dieses alten Thracischen Dichters (Boeot. 305.) Er charakterisirt sie genau, und sagt, daß sie alle sehr kurz, und klein an Zahl wären, daß sie ferner von gewissen Personen bey gewissen Feyerlichkeiten abgesungen, und an Pracht und Schönheit nur allein von den Homerischen Hymnen übertroffen würden. Orpheus (heißt es auf der vorhergehenden Seite 304.) habe alle vorhergehende Dichter übertroffen, und sey deswegen so groß, und berühmt geworden, weil man ihn für den Erfinder der Mysterien, für den Stifter der Reinigungen von der Schuld unheiliger Thaten und der Versöhnungsmittel der erzürnten Götter gehalten habe. Auch er habe, wie mehrere ältere Dichter, Hymnen auf die Liebe gemacht (S. 302.) die noch jezo gesungen würden. Aus den Orphischen Gedichten lerne man, wie aus den Eleusinischen Geheimnissen selbst (in Atticis p. 35.) warum alle eingeweihte Personen sich vom Bohnenessen enthalten mußten. Allein eben dieser Pausanias, der mehrmalen so zuversichtlich von ächten Orphischen Gedichten redet, der ihre Eigen-

 heiten

heiten so sorgfältig anzeigt, und sie so gar für den Inbegrif dessen, was man in den Eleusinischen Geheimnissen sah und hörte, ausgiebt, eben dieser Pausanias zweifelt anders wo wieder (in Attic. p. 13.) ob die Gedichte, die man dem Musäus, und Orpheus in seinem Zeitalter zueignete, wirklich von diesen alten Sängern herrührten, und sagt (in Phoc. p. 320.) daß es in Griechenland gewisse Gedichte gäbe, die man Eumolpische nenne, und dem Musäus zuschreibe, ohne sich im geringsten zu erklären, ob er der allgemeinen Meynung beytrete, oder nicht? — Schon in den ältesten Zeiten also gab es Orphische Gedichte, in denen man die verborgenen Lehren der Mysterien mitgetheilt glaubte; allein auch schon im Zeitalter des Plato zweifelte man, ob diese Gedichte so ächt, und von dem innern Werth wären, den man ihnen zutraute.

Diese Zweifel über die Aechtheit der für Orphisch ausgegebenen Gedichte verschwand in den ersten Jahrhunderten nach Christi Geburth, besonders in den letztern Zeitaltern der neuplatonischen Philosophie, und zwar in eben dem Verhältnisse, in welchem die Anzahl unächter Orphischer Gedichte grösser wurde, und das Mistrauen gegen alles, was Orphisch hieß, hätte wachsen sollen. Plutarch, ein Sohn des Nestorius, und sein Schüler Proklus (28 etc. Marini Vita Procli) besaßen einen großen Vorrath von Orphischen Hymnen, die sie wie die Sybillinischen Orakel und Chaldäischen Schriften, wie die Werke des Hermes und Zoroasters, für einen Schatz uralter Weisheit ansahen, aus denen sie die wahre Theurgie, oder die Kunst sich mit der Gottheit zu vereinigen, und durch diese Vereinigung Wunder zu thun, lernen könnten. Proklus selbst verbesserte die Orphischen Hymnen, und empfand sogleich eine merkliche Linderung von Schmerzen, als er sich einige davon in einer schweren Krankheit vorsingen ließ. — Von allen Orphischen Hymnen, die wir noch haben, kann man es fast einzeln und stückweise darthun, daß sie nicht vom Thracischen Dichter selbst herrühren, sondern erst nach der Entstehung der Alexandrinischen Philosophie gemacht seyn müssen.

Sowohl

Sowohl die kleinen als großen Mysterien wurden alle Jahre, nur nicht in demselbigen Monath gefeyert. Von den kleinen sagen es ausdrücklich Herodot, Isokrates, und Aristides in den Stellen, die ich schon oben aus ihnen angeführt habe. Von den großen Mysterien hingegen behaupteten Meursius (Eleus. c. 81.) und einige andere, daß sie nur alle 5 Jahre wären gefeyert worden. — Van Dale widerlegte diese Männer (in dissert. de Gymnasiarchis c. 2. p. 604. seq. in diss. Antiq. illustr. inseru.) aber aus lauter Stellen, die allein von den kleinen Mysterien handeln. Aus dem Plutarch aber sowohl, als aus dem Scholiasten des Aristophanes, und dem Suidas kann man beweisen, daß man alle Jahre diejenigen in die großen Mysterien eingeweihet habe, die zu ihnen zugelassen werden konnten. Plutarch nemlich erzählt im Leben des Demetrius (T. III. Vit. Par. p. 1649. 1650. Ed. Steph. Graec.) daß dieser König von den Atheniensern verlangt habe, auf einmal, oder gleich hintereinander sowohl in die kleinen, als großen Mysterien eingeweiht zu werden. Diese Forderung lief wider alles Herkom-

Herkommen, wider alle Gesetze der Geheimnisse, nach welchen diejenigen, die in die kleinen Mysterien eingeweihet waren, erst im folgenden Jahre zu den Großen gelangen konnten. Allein die Athenienser wagten es doch nicht, dem Demetrius, dem sie so vieles zu danken hatten, seine Bitte abzuschlagen; sie wählten daher den Ausweg, den ihnen der damalige Demagog Stratokles zeigte, und verwandelten durch einen Volksschluß den laufenden Monath Monúchion, in dem die Bitte geschah, erst in den Monath Antesthärion, und weihten den Demetrius in die kleinen Mysterien ein; und gleich darauf verwandelten sie ihn wieder in den Monath Bondromion und ließen den König unmittelbar zu den großen Geheimnissen zu. Nach dem Plutarch also konnte man wenigstens ein Jahr nach der Einweihung in die kleinen Mysterien Epopte werden; und die großen Geheimnisse müssen daher, wie die kleinen, alle Jahre gefeyert worden seyn. Auch bezeugt der Scholiast des Aristophanes (ad Ran. 757. v.) und Suidas, (in voc. Εποπτης) daß man diejenigen μυςας genannt habe, die in die kleinen

Myste-

Mysterien eingeweihet worden, und daß man diese [illegible] Epopten genennt habe, wenn sie ein Jahr nachher zum Anschauen des Allerheiligsten zugelassen worden.

Sowohl die kleinen, als grossen Mysterien wurden allein unter der Bedingung des heiligsten Stillschweigens mitgetheilt; auf ihre Bekanntmachung, oder Entweihung folgten von den ältesten Zeiten her entsetzliche Verfluchungen und Todesstrafe. Daß sowohl das, was man in den kleinen Mysterien sah, als das, was man in den Grossen hörte, allen Uneingeweihten verschwiegen werden mußte, beweist Meursius mit einer großen Anzahl von Zeugnissen alter Schriftsteller, die deswegen überflüßig sind, weil man eben das durch einige unbezweifelte Facta darthun kann. Aeschylus wurde wegen einiger Stellen in seinen Trauerspielen, in denen er von der Ceres redete, der Entweihung der Eleusinischen Geheimnisse angeklagt, und er entfloh der auf dieses Verbrechen gesetzten Strafe kaum dadurch, daß er vor dem Areopag bewies, daß er gar nicht eingeweihet sey. (Clem. Strom. II. 461.)

II. 461) Alcibiades (Plutarch. in eius Vita p. 368. 369.) wurde von allen Priestern und Priesterinnen in Athen aufs feyerlichste verflucht, aller Güter beraubt, und zum Tode verurtheilt, weil er die Mysterien in seinem Hause mit vielen seiner Freunde nachgeäfft, oder nachgespielt hatte. Die Athenienser versprachen demjenigen ein Talent, der ihnen den Diagoras todt oder lebendig ausliefern würde, weil dieser die Mysterien durch ihre Bekanntmachung entheiliget, und den Griechen von der Einweihung abgerathen hatte. (Suidas in voc. Διαγορας et Lys. Or. in And. p. 111. 112.)

Die Verfluchung der Ruchlosen, die die Mysterien entweihet hatten, geschah auf die allerfeyerlichste Art. (Lys. adu. And. 129. S.) Alle Priester und Priesterinnen erhielten Befehl, den Zorn der Götter und Göttinnen, denen sie dienten, gegen einen solchen Unheiligen aufzufordern. Sie standen gegen Niedergang, schüttelten ihre dunkeln Feyerkleider, und sprachen alsdenn den Fluch in Formeln aus, die man uns nicht aufbehalten hat.

hat. — Unterdessen war selbst die Entweihung der Geheimnisse ein verzeihliches Verbrechen. Als Alcibiades, wie ein Schutzgott und Erretter Athens angebetet in seine Vaterstadt zurück kehrte; nahm man das wider ihn ausgesprochene Todesurtheil zurück, gab ihm seine Güter wieder, und befahl den Eumolpiden, und übrigen Priestern, ihn wieder zu heiligen, und die Flüche, die man, auf Befehl des Volks, wider ihn ausgesprochen hatte, aufzuheben. (Plut. 382. p.) Theodor der Hierophant weigerte sich, dies zu thun unter dem Vorwande, daß er den Alcibiades, wenn er unschuldig wäre, nicht verflucht hätte, so wie sich vorher eine Priesterin Theano geweigert hatte, ihn zu verfluchen, weil sie eine Priesterin des Segens, und nicht des Fluches sey.

Von einer eydlichen Versicherung der Verschwiegenheit, die nach einigen neuern Schriftstellern alle Einzuweihende vor der Mittheilung der Geheimnisse abgelegt haben sollen, finde ich in den Alten nicht die geringste Spur. — Die fürchterlichen Strafen, [illegible]

auf die Entheiligung der Mysterien gesetzt hatte, verbanden die Eingeweihten zum Stillschweigen schon fest genug.

Nicht nur die Bekanntmachung, sondern so gar die Vernachläßigung der Mysterien wurde zu gewissen Zeiten zum strafbaren Verbrechen gemacht. Der verehrungswürdige Demonax, dessen Leben Lucian so schön beschrieben hat, wurde in Athen aus zween Punkten angeklagt, daß er nemlich der Schutzgöttin Athens, der Minerva, niemals Opfer dargebracht habe, und daß er unter allen Griechen (μονος ἀπαντων) der einzige sey, der sich nicht in die Eleusinischen Geheimnisse habe einweihen lassen. (Tom. I. Opp. Lucian. Amstel. 1687. p. 861.) Die Athenienser, die sich vor seiner Vertheidigung schon mit Werkzeugen zur Steinigung versehen hatten, befriedigten sich doch zuletzt mit seiner Verantwortung, daß er sich in keinem Falle, die Mysterien möchten nützlich oder schädlich seyn, einweihen lassen könnte, weil er sich zur Erfüllung der Bedingung, unter welcher sie mitgetheilet würden, unfähig fühlte. Wären sie

nemlich nützlich; so würde er sie ausbreiten, um durch ihre Vortrefflichkeit alle Menschen zur Einweihung zu reizen. Fände er sie hingegen schädlich, so würde er sie auch alsdenn nicht verschweigen, um alle Menschen davon abzuhalten.

Zweyerley Umstände sind, die noch bis jetzo bey den Mysterien räthselhaft, wovon der erste dieser ist, daß kein alter Schriftsteller uns Nachrichten von strengen Prüfungen hinterlassen hat, die alle in die großen Mysterien Einzuweihende sich hätten gefallen lassen müssen. Vielleicht glaubte man einen jeden schon bey der Einweihung in die kleinen Geheimnisse genau genug kennen lernen zu können; oder man verließ sich darauf, daß alle die zu den großen Mysterien herzukamen, [illegible] gesehene Männer von bekanntem Charakter waren, und daß sie einzeln eingeweihet wurden, wie wenigstens der Fall beym Ant[illegible] (Capitol. in eius Vita l. c.) In jedem [illegible] deutigen Fall konnte man sich immer damit in Sicherheit setzen, daß man den Einzuweihenden nicht alles, oder nicht mehr sagte, [illegible] zur Noth bekannt werden durfte.

Der

Der zweyte sonderbare Umstand in der Geschichte der Geheimnisse, ist die Seltenheit der Anklagen ihrer Entweihung. Man konnte auf so tausendfältige Art unvorsichtig seyn, oder einer Unvorsichtigkeit beschuldiget werden, daß man sich immer verwundern muß, wie nicht zuletzt in Athen ein Inquisitionsgericht entstand, und Entweihung der Mysterien, wie in spätern Zeiten das Majestätsverbrechen in Rom, ein Verbrechen wurde, das man allen, besonders denen aufbürdete, die sonst weiter keiner schuldig waren. Vielleicht war die Anklage der Gottlosigkeit (ἀσεβείας) durch die ungerechte Verurtheilung des Sokrates verhaßter geworden, als wir jetzt wissen. Vielleicht war auch die Aufklärung der Eumolpiden, und der übrigen Vorsteher der Geheimnisse, die meistens die ersten Aemter des Staats bekleideten, Ursache, daß von dieser Action kein Mißbrauch gemacht wurde.

V.

Nach der Eroberung Asiens und Afrika's durch die Griechen, und besonders durch die Römer, giengen mit den Religionssystemen fast aller bekannten Völker die wichtigsten

Veränderungen vor. Alexander und seine Nachfolger jagten aus den entferntesten Gegenden Völker in neue Städte zusammen, die sie in allen Theilen von Asien und Africa erbaueten, unter denen Alexandrien immer die Erste blieb. Nationen wurden in den häufigen Kriegen stärker zusammen gestoßen, aber auch durch den mehr ausgebreiteten Handel genauer mit einander vereinigt, als vorher geschehen konnte. Die Römer endlich schickten ihre Italischen, Gallischen, Britannischen, Spanischen und Deutschen Legionen nach den Morgenländern, um ihren eben so reichen als weichlichen Bewohnern ihre Schätze zu rauben; und so wurden wiederum die Legionen aus Asien nach dem Occidente herübergeholt, um dessen Völker zu bekriegen, oder auch Rom neue Beherrscher zu geben. Diese Hauptstadt der Erde selbst wurde der Zusammenfluß aller unterjochten Völker, die nach Italien zusammen kamen, entweder um Schutz gegen ihre Unterdrücker zu erflehen, oder einen Theil der Reichthümer im üppigen Rom wieder zu erwerben, die man ihnen in den Provinzen abgepreßt hatte. Unter den Nachfolgern des

Alexanders also, noch mehr aber unter dem Sulla, Pompejus und Cäsar entstund eine allgemeine Mischung und Wanderung der Völker sowohl, als ihrer Götter und Religionen. Griechische und Römische Götter wurden in Asien und Afrika verehrt; und die überwundenen Völker fanden in allen Theilen von Griechenland und Italien die ihrigen wieder. Die Diener fremder Götter wurden sehr bald mit den Göttern der Religion und Sprache ihrer Sieger bekannt, und würden daher allmälig, entweder mit Vorsatz, oder unbewußt, ihre eigene Götter, deren Dienst und Gebräuche verwandelt haben, wenn auch nicht Römer und Griechen schon frühe sich entschlossen hätten, sich selbst den verpflanzten Gottheiten überwundener Völker zu weihen, und als Priester in ihren Tempeln zu dienen. Man wird schwerlich eine aus Asien und Afrika nach Griechenland und Italien versetzte Gottheit finden, die nicht in den ersten Jahrhunderten nach Christ Geburth Griechen oder Römer zu Priestern gehabt hätte.

Die Römer wehrten sich eine Zeitlang gegen diesen Einbruch fremder Religionen, und deren

deren Vermischung mit der ihrigen. Der Prätor, Cornelius Hispallus (Valer. Max. I. 3.) jagte die Chaldäischen Wahrsager aus Italien und zwang den Jupiter Sabazius nebst seinen Dienern in ihre Heymath zurück zu kehren. Aemilius Paulus, der den Perseus besiegte, zerstöhrte mit eigener Hand die Tempel der Isis und des Serapis, die in Rom schon so sehr verehrt wurden, daß Niemand sich an ihren Tempeln zuerst vergreifen wollte. Auch unter den ersten Imperatoren wurden die Chaldäer, nebst dem Jüdischen und Egyptischen Aberglauben, wie die Römischen Schriftsteller sich ausdrücken, aus Italien verbannt. Allein alle diese kräftigen Bemühungen thaten ihre Wirkung nur auf kurze Zeit, der Hang zur Schwärmerey, und zum Aberglauben wuchs in gleichem Grade mit dem Despotismus fort, und Italien wurde in eben dem Verhältnisse an Göttern und Tempeln reicher, in welchem es an Menschen und Städten verlohr.

Unter diesen Umständen nun, da Sieger und Besiegte ihre Götter gegeneinander austauschten, und die Götter von beyden Priester aus allen Völkern erhielten, war eine günstige

Ver-

Veränderung ihres Dienstes unvermeidlich. Götter erhielten andere oder mehrere Namen, als sie vorher gehabt hatten, andere Attributa, und eine andere Mythologie. Die Revolution erstreckte sich auch über die Mysterien; Götter, die vorher keine hatten, erhielten neue, und diejenigen, denen von Anbeginn Geheimnisse geheiliget waren, mußten es sich gefallen lassen, daß sie in Griechische Formen umgegossen wurden. Beyde Sätze lassen sich durch viele Beyspiele aus der Geschichte beweisen; ich schränke mich nur auf einige wenige ein, die am wichtigsten sind, und am meisten zur Erläuterung der bisher von mir vorgetragenen Geschichte der Geheimnisse dienen.

Zu den Zeiten des Herodots wurden unter allen Aegyptischen Gottheiten der Isis allein, und auch nur in Saïs Mysterien gefeyert, in denen ihre, und des Osiris Leiden vorgestellet wurden. Auch andere Griechen, die vor der Auswanderung der Egyptischen Götter nach Rom und Griechenland schrieben, sagen uns nichts von Geheimnissen, die andern Gottheiten heilig gewesen wären. Zu den Zeiten des Apulejus aber, die ein ganzes Jahrhundert [illegible], hatte nicht blos die Isis ihre Mysterien in Griechenland, die von den alten, wie ich gleich zeigen werde, himmelweit verschieden waren, sondern auch Serapis hatte seine Orgien, und Osiris seine Geheimnisse in Rom, die, nach dem Apulejus, der Verwandschaft der beyden Gottheiten ungeachtet, denen der Isis ganz unähnlich waren. (XI. 714. edit. Mer.) Das Collegium der Priester und Pastophoren, das in dem Tempel des Osiris diente, war zu des Apulejus Zeiten schon sehr alt, und unter dem Sulla gestiftet worden. Eben so erhielt der Mithras der Perser, da er nach Griechenland und Italien übergieng, Mysterien, von denen die ältesten Verehrer nichts wußten, und auch nichts wissen konnten. Die Vervielfältigung der Mysterien hatte ihren Grund nicht nur in dem stets wachsenden Aberglauben der damaligen Zeiten, sondern auch in dem Geize der Priester, die sich für die Einweihung, wie aus dem Apulejus erhellt, stark bezahlen ließen.

Die Mysterien der Isis wurden nicht lange nachher, als diese Göttin in Italien, und Griechenland einheimisch geworden war, [illegible] selbst

selbst immer mehr und mehr ungleich, und den Eleusinischen Geheimnissen immer ähnlicher; nur daß Schwärmerey, Aberglauben, und Priestertrug bey den erstern viel weiter getrieben worden, als bey den letztern. Eine kurze Geschichte der Einweihung des Apulejus in die Isischen Geheimnisse, die er selbst im eilften Buche seiner Verwandlungen erzählt, wird meine Behauptung außer Zweifel setzen.

Nach den großen Wohlthaten, (XI. 206. et sq. Edit. Coluii,) die Apulejus, oder Lucius empfangen hatte, entschloß er sich endlich, sich selbst, und alle seine Kräfte dem Dienste der Isis zu weihen. Ihm gieng keine Nacht ohne Erscheinungen, ohne Winke seiner Schutzgöttin hin; allein bey aller der Sehnsucht, die er hatte, in ihre verborgensten Geheimnisse eingeweiht zu werden, hielt ihn doch der Gedanke an alle die schwer zu erfüllenden Pflichten, die er nach der Einweihung auszuüben hätte, und die Furcht vor der gar zu strengen Lebensart von der wirklichen Einweihung zurück. Ein merkwürdiges Gesicht aber, das den folgenden Tag in Erfüllung gieng, zerstreute alle bisherigen Bedenklichkeiten. Er

 gieng

gieng mehrmalen zu dem ersten Priester der Göttin und bat ihn inständigst, ihn doch zum Genuß der erhabenen Mysterien zuzulassen. Allein dieser wich seinen Bitten unter dem Vorwande aus, daß die Göttin zuvor durch unmittelbare Eingebung den Tag der Einweihung sowohl, als den Hierophanten, und die zur Einweihung erforderliche Kosten bestimmen müsse. Keiner aus seinem Orden habe eine so rasende ruchlose Kühnheit, ohne den vorhergegangenen ausdrücklichen Befehl der Göttin, das Geschäft der Einweihung zu übernehmen, und sich dadurch einen unvermeidlichen Tod zuzuziehen. In den Händen der Isis läge das Leben eines jeden Menschen, lägen die Schlüssel zum Reiche der Schatten; in ihren Mysterien würde die Uebergabe in einen freywillig gewählten Tod, und die Wiedererlangung des Lebens durch die Gnade der Göttin gefeyert und vorgestellt. Alle, die sich in ihre Geheimnisse einweihen ließen, würden als solche Menschen angesehen, die ausgelebt hätten, und die vom Rande des Grabes durch die Allmacht der Göttin, gleich wiedergebohrnen Menschen, zu einem neuen Leben [illegible] zu-

rufen

rufen würden. — Auch er solle also den Ruf der Göttin erwarten, und sich von allen verbotenen Nahrungsmitteln enthalten, bis sie seinen Mystagogen ernannt hätte.

Nicht lange nachher zeigte dem Apulejus ein Traumgesicht den obersten Priester der Isis, Mithras, als denjenigen, der ihn einweihen sollte, und eben dieser hatte zugleich den Befehl erhalten, die Einweihung an ihm zu vollziehen. Apulejus wurde daher gleich am folgenden Morgen vom Mithras in den Tempel der Göttin geführet, und erfuhr aus den heiligen Büchern, von denen ich oben schon geredet habe, alles was er zur eigentlichen Einweihung vorzubereiten und anzuschaffen hätte. Er kaufte alles Nöthige theils selbst, theils durch seine Freunde zusammen; wurde darauf in einem öffentlichen Bade rein abgewaschen, und mußte, nach den Vorschriften seines geistlichen Führers zehn Tage hintereinander sich von Fleischspeisen, und Wein enthalten. Nach diesem Fasten wurde er an einem Abend mit einem groben Tuch von Leinwand angethan, in das innerste Heiligthum des Tempels geführet, und hier fragst du vielleicht neugierig.

Leser

(redet er seinen Leser an,) was gesagt und vernommen worden. Ich würde es, fährt er fort, sagen, wenn ich es sagen dürfte, und du würdest es erfahren, wenn es dir zu hören erlaubt wäre. Unterdessen will ich deine Neugierde nicht ganz unbefriedigt lassen, und dir sagen, was sich sagen läßt. Ich bin bis an die Gränzscheide des Lebens und des Todes gekommen; ich habe die ersten Schwellen des Reichs der Proserpina betreten, und bin, nachdem ich alle Elemente durchwandert hatte, glücklich zurückgekehrt. Zur Zeit der tiefsten Mitternacht habe ich die Sonne in ihrem vollen Glanze gesehen, und bin so glücklich gewesen, die Götter des Himmels, und des Schattenreichs in der Nähe anzubeten. Erst gegen Morgen war die Einweihung vollendet, und nun gieng er mit zwölf heiligen Gewändern bekleidet, aus dem Innersten des Tempels hervor. Das oberste Gewand war mit allerhand Blumen bemalt, und von seinen Schultern hieng ein kostbarer Mantel herab, der Stola Olympiaca genannt wurde. An beyden sah man Thiere von allerley Art, Indische Drachen, und Hyperboreische Gryphen.

phen. In der rechten Hand führte er eine brennende Fackel; und sein Haupt war mit Palmblättern, die Sonnenstrahlen glichen, bekränzt. In diesem Schmucke stellte er sich als ein lebendes Bild der Sonne auf einen erhabenen Platz hin, der sich in der Mitte des Tempels vor einer Statue der Göttin befand, und wurde, nach aufgehobenen Vorhängen, dem ihn segnenden Volke sichtbar. — — —

Schon aus dieser Beschreibung allein muß es, denke ich, einem jeden von selbst einleuchten, daß die Mysterien der Isis sich den kleinen Eleusinischen Geheimnissen genähert, und fast ganz aufgehöret hatten, Egyptisch zu seyn. Bey den Mysterien, die der Isis ehemals in Sais jährlich gefeyert wurden, konnten die Einzuweihenden, die aus allen Theilen von Egypten zusammenflossen, unmöglich auf göttliche Eingebungen warten, wodurch ihnen der Tag der Einweihung, sowohl als der Priester, der sie verrichten sollte, bestimmt wurde. Eben so wenig konnten solche Pilgrimme zehn Fasttage aushalten, während welcher man sich zu den Mysterien der Isis in Griechenland vorbereiten mußte. In

den

den alten Egyptischen Mysterien wurden, nach dem Herodot, die Leiden, und Schicksale des Osiris, nicht aber, wie in den Eleusinischen Geheimnissen, eine glänzende Sonne, das Reich der Proserpina, und die Götter des Griechischen Himmels, und der Griechischen Hölle vorgestellt. Endlich läßt es sich gar nicht denken, daß in den Mysterien zu Sais bey dem grossen Haufen der Einzuweihenden ein jeder nach vollendeter Einweihung mit so vielen, und kostbaren Gewändern, am wenigsten mit einer Olympischen Stola hätte bekleidet werden können.

Bey dem Isischen Geheimnissen läßt es sich aber doch noch begreifen, wie sie allmälig verändert wurden, weil doch Anfangs etwas da war, was verdorben werden konnte: in dem Gottesdienste des Persischen Mithras hingegen war ursprünglich nichts, was Mysterien nur von ferne ähnlich sah, und doch erhielt dieser Gott der Perser, nachdem er gräcisirt worden war, Mysterien, die den Eleusinischen ähnlich, aber in manchen Punkten viel weiter getrieben waren.

Die ältesten Perser hatten bis auf die Zeiten des Herodots, und noch später gar keine Mysterien. Ich schließe dieß nicht nur aus dem Stillschweigen des Herodots, Xenophons, und Strabo's, sondern aus der ganzen Staats- und Religionsverfassung dieses Volks. Die Perser (Herod. I. 71. 132-140.) waren noch zu Cyrus Zeiten, um die achtzigste Olympiade, gleich allen Wilden und herumstreifenden Horden in Stämme, und zwar in zwölf Stämme getheilt, von denen einige noch immer Nomaden waren, und andere nicht lange aufgehöret hatten, es zu seyn. — Sandanis, der Lydier, rieth dem Crösus, der die Perser bekriegen wollte, ab, sich an diesen Barbarn zu vergreifen, weil er alsdenn, wenn er sie besiegte, gar nichts dabey gewinnen würde. Die Perser wären Menschen, die nicht in Gold und Silber, sondern in Thierfellen gekleidet wären; die ferner weder Wein, noch Feigen, noch andere Leckerbissen kennten, sondern sich mit den einfachsten gröbsten Nahrungsmitteln bey der härtesten Arbeit begnügten. — Selbst zu Herodots Zeiten fanden sich unter ihnen noch sehr viele charakteristische Ueberbleibsel von Nomadischen Sitten; bis ins zwanzigste Jahr

war

war die einzige Beschäftigung ihrer Jünglinge
Reiten, Pfeil werfen, und Uebungen in der
Wahrhaftigkeit: über die wichtigsten Angelegenheiten rathschlagten sie bey öffentlichen Zusammenkünften und festlichen Schmäusen;
was sie nüchtern entworfen hatten, [illegible]
den sie unter den Freuden der Tafel, [illegible]
der Begeisterung des Weins: was sie [illegible]
gen trunken beschlossen hatten, überlegten sie
nüchtern noch einmal. Sie hielten sich, [illegible]
alle rohe, wenig ausgebildete Völker, [illegible]
besten, und tapfersten der Menschen, [illegible]
glaubten, daß Tugend und Tapferkeit [illegible]
chen dem Verhältnisse unter den [illegible]
verschiedenen Völkern abnähme, in [illegible]
mehr oder weniger von ihnen entfernt [illegible]

Diese Perser beteten ferner zu [illegible]
dots Zeiten alle die Sonne und [illegible]
und hielten das Feuer, die Erde [illegible]
Wasser fliessender Ströme für so [illegible]
sie sich hüteten, sie zu verunreinigen. [illegible]
spätern Zeiten (setzt Herodot hinzu) [illegible]
von den Assyriern und Arabern [illegible]
genommen, die die Assyrier Mylitta, [illegible]
der Alitta, und die Perser Mitra [illegible]
Auch glauben einige, daß sie den Jupiter,

oder

oder den ganzen Bezirk des Himmels anbeten, und ihm auf den höchsten Bergen Opfer bringen. Uebrigens (fährt er fort) haben die Perser weder Tempel noch Altäre, noch Statüen der Götter, weil sie die Götter nicht wie die Griechen für menschenähnlich halten. Ihre Opfer waren ohne allen den Pomp, der sie bey den Griechen und andern Völkern so feyerlich machte; sie brauchten weder Feuer noch Musik, weder Libationen, noch Bekränzungen des Opferviehes. Ein jeder Perser führte das Vieh, das er opfern wollte, an eine heilige Stätte, umwand seinen Turban mit Myrthenreisern, und erflehte von den Göttern seines Volks Segen und Wohlergehen, nicht allein für sich, sondern für den König und alle Perser, zu denen der Opfernde auch gehörte. Nach diesem Gebet schlachtete er selbst das Vieh, zerstückte und kochte es; und das gekochte Fleisch wurde unter dem Gesange eines Magiers auf zarte reine Kräuter gelegt, von den Opfernden nach Hause getragen, und zum beliebigen Gebrauch angewendet.

Ein solches Volk nun, dessen Religion noch ganz die Religion der Nomaden war, das die Lichter des Himmels selbst, und einige Elemente, nicht aber Götter in menschlicher Gestalt anbetete, das eben deswegen keiner der Griechischen ähnliche Mythologie, oder Göttergeschichte, keine Tempel, Altäre und Statuen hatte, und alle die Völker, unter denen sich diese fanden, für thöricht erklärte, das selbst mit eigner Hand, blos unter den Gesängen eines Magiers, den Göttern zu Ehren Vieh schlachtete, aber von diesem Opfervieh weder den Göttern, noch deren Dienern etwas zu geben schuldig war, das endlich zu seinen Opferstätten einen jeden reinen Ort, oder die höchsten Berge wählte, ein solches Volk konnte unmöglich Mysterien haben, die einem menschenähnlichen Gott in Höhlen, unter langwierigen und beschwerlichen Kreuzigungen der Einzuweihenden in spätern Zeiten gefeyert wurden.

Bey den grossen Eroberungen, die die Persischen Könige machten, und bey der genauen Bekanntschaft der Perser mit so vielen angränzenden Völkern, die fast alle menschenähnliche Götter anbeteten, konnte die Religion der Perser, die ohnedem, nach den Bemerkunmerkungen des Herodots, zur Aufnahme alles dessen, was nur fremd und ausländisch war, sehr geneigt waren, nicht lange in ihrer ersten Reinigkeit und Einfalt fortdauern. Schon zu den Zeiten dieses Geschichtschreibers hatten sie den Dienst einer fremden Göttin angenommen; nicht lange nachher gewöhnten sie sich, den Mond sowohl, als die Sonne in einer menschlichen Gestalt zu denken: sie baueten ihnen Tempel, und Altäre, auf welchen heiliges unauslöschliches Feuer brannte; und endlich widmeten sie auch der Sonne, oder dem Mithras, der in Gestalt eines Kriegers in Persischer Kleidung vorgestellt wurde, (Man sehe Zeichnungen davon in Hyde de Rel. vet. Pers. p. 113. Philipp. a Turre de Mithra p. 158. van Dale Diss. Illustr. Antiq. inseruientes p. 17. 18.) Mysterien, deren Entstehung sich gar nicht, wohl aber ihr Ausgang aus Asien, und ihre Verbreitung durchs ganze Römische Reich aus der Geschichte bestimmen läßt.

In dem berühmten Seeräuberkriege, dem der große Pompejus ein Ende machte, in welchem tausend Raubschiffe nicht nur alle befahrne Meer, und deren Küsten unsicher machten, sondern auch an die vierhundert Städte zerstörten, und alle bis dahin unberaubten Tempel ausplünderten, in diesem Kriege, der der Römischen Herrschaft ein ewiger Schandfleck bleiben wird; zeigten sich unter andern fremden Opfern, und Gebräuchen zuerst auch die Geheimnisse, die dem Mithras gefeyert wurden, und, wie Plutarch sagt, bis auf seine Zeiten fortdauerten. (Plutarch. in Vit. Pomp. p. 153. T. II. Ed. Steph. Graec.) Nach dem Zeitalter des Plutarchs breiteten sie sich noch mehr aus, erhielten immer eine größere Anzahl von Liebhabern, und wurden auch in eben dem Verhältniß, in welchem sie allgemeiner zu werden anfiengen, schwärmerischer und feyerlicher.

Die Mysterien des Mithras wurden entweder in Höhlen gefeyert, die die Natur selbst gebauet hatte, oder in unterirrdischen Tempeln, die die Gestalt von Höhlen oder Grotten hatten. Diese von der Natur oder Kunst gemachten Höhlen sah man als Symbola des Weltgebäudes an, und eben deswegen waren

sie

sie inwendig mit dem Zeichen des Thierkreises, der Elemente und Erdgürtel ausgeschmückt. Nach dem Eubulus glaubte man, daß Zoroaster zuerst eine natürliche Höhle dem Mithras geheiliget habe. (Porph. de Antr. Nymph. c. 6.) Zur Einweihung mußte ein jeder sich durch eine fast unglaubliche Anzahl von Prüfungen, die nach dem Nonnus in achtzig Stufen eingetheilt waren, vorbereiten. (Nonnus ad Or. Greg. Naz. in Jul. 45. [illegible]) Um sich als einen gegen alle Schmerzen unempfindlichen Mann zu zeigen, mußte der Einzuweihende mehrere Tage hintereinander durch breite und tiefe Wasser schwimmen, durchs Feuer wandeln, in wüsten Gegenden fasten, und alle übrige Stufen der Prüfungen durchgehen. In den Mysterien selbst reinigte man sich Hände und Zunge mit Honig, um von aller Schuld der Sünden frey zu werden; (c. 15. de Antr. Nymph.) man erhielt zu eben der Absicht die Taufe, und wurde als ein Geheiligter des Mithras gezeichnet. (Tertull. de Praescr. Haeret. c. 40.) Man feyerte eine dem Abendmahl der Christen ähnliche Ceremonie, und setzte den Einzuweihenden unter Vorhaltung eines bloßen Schwerdtes eine Krone auf, um die Auferstehung der Todten dadurch anzudeuten. Porphyr glaubt, daß man in den Mysterien des Mithras alle Einzuweihende von der Seelenwanderung habe überzeugen wollen. (de Abst. IV. 16.) Er beruft sich für seine Meynung auf die Gewohnheit in den Mysterien des Mithras, nach welcher man allen Einzuweihenden männlichen, und weiblichen Geschlechts die Namen verschiedener Thierarten von Löwen, Hyänen, Raben u. s. w. auflegte. — So unvollständig diese Nachrichten von den Geheimnissen des Mithras auch sind; so zeigen sie doch einem jeden so viel, daß sie theils nach dem Muster der Eleusinischen Geheimnisse, theils nach mehrern den Bekennern der Christlichen Religion eigenthümlichen Gebräuchen eingerichtet waren, daß sie hingegen nichts enthielten, weswegen man sie für sehr alt, und ursprünglich persisch zu halten Ursach hätte.

Inhalt

Inhalt
des zweyten Theils.

Inhalt
des dritten Theils.

Einige Verbesserungen.

Seite 15. Zeile 14. statt nie lies mir. S. 19. Z. 16. st. Neigung l. Meynung. S. 19. Z. 20. st. davor l. davon. S. 26. Z. 20. st. allein l. allen. S. 35. Z. 13. st. übernatürliche l. übernatürliche Wege. S. 43. Z. 15. heiter wurde l. als er gehofft hätte. S. 56. Z. 10. st. ausübend l. ausüben. S. 60. Z. 2. von unten st. in l. an S. 61. Z. 19. st. Zwang l. Zwerg. S. 65. Z. 10. st. darzu l. dazu ist. S. 67. Z. 19. st. dieß l. diese. S. 68. Z. 13. st. ihn l. sie. S. 73. Z. 1. von unten übergeben l. übergaben. S. 79. Z. 9. st. fast l. fest. S. 90. Z. 1. von unten lieber l. lieben. S. 96. Z. 2. von unten st. der l. des. S. 103. Z. 3. von unten deh uns. S. 113. Z. 3. von unten st. werden l. würden. S. 113. Z. 13. von unten st. jedes l. jeder. S. 116. Z. 13. st. rechtmäßigen l. rechtmäßige. S. 127. Z. 7. st. zu wissen l. wissen. S. 132. Z. 13. st. einen l. einer. S. 143. Z. 4. st. reiser l. Meister. S. 147. Z. 3. 4. von unten st. gleichgültigen l. gleichgültige. S. 157. Z. 12. st. als l. als der. S. 163. Z. 1. st. und l. die. S. 165. Z. 6. von unten st. Schriftstellern l. Schriftstellen.

www.ingramcontent.com/pod-product-compliance
Lightning Source LLC
Chambersburg PA
CBHW021116270326
41929CB00009B/912

* 9 7 8 3 7 4 1 1 8 4 7 0 3 *